게임중독
처방전

게임회사 직원이 밝히는

게임중독 처방전

초판인쇄 2018년 9월 24일
초판발행 2018년 9월 24일

지은이 장범식
펴낸이 채종준
기 획 이강임
편 집 박준모
디자인 김예리
마케팅 문선영

펴낸곳 한국학술정보(주)
주소 경기도 파주시 회동길 230(문발동)
전화 031 908 3181(대표)
팩스 031 908 3189
홈페이지 http://ebook.kstudy.com
E-mail 출판사업부 publish@kstudy.com
등록 제일산-115호(2000. 6. 19)

ISBN 978-89-268-8563-5 13330

책에 대한 더 나은 생각, 끊임없는 고민, 독자를 생각하는 마음으로 보다 좋은 책을 만들어갑니다.

게 임 회 사 직 원 이 밝 히 는

게임중독 처방전

장범식 지음

이담 Books

머리말

게임은 언제나 재밌어서 문제다

저는 9살 때부터 오락실에서 게임을 시작했습니다. 이때는 PC방이 없었습니다. 『갤러그』, 『너구리』, 『올림픽』, 『스트리트 파이터』, 『더블 드래곤』, 『너클 죠』, 『은행강도』, 『파이널파이트』, 『천지를 먹다』, 『수왕기』, 『람보(이카리)』, 『제비우스』, 『1942』, 『원더보이』, 『철권』, 『버추어 파이터』, 『사무라이 쇼다운』, 『소울칼리버』 등 오락실 게임과 『스타크래프트』, 『리니지』, 『레인보우식스』, 『카트라이더』, 『서든어택』, 『디아블로』, 『퀘이크3』, 『월드오브워크래프트』, 『파이널판타지14』, 『리그오브레전드』, 『배틀그라운드』 등 참 많은 게임을 했습니다. 오락실 1세대이자 PC 게임 1세대인 거지요.

게임을 좋아해서 게임회사에도 들어갔지요. 어느새 게임경력은 30년이 넘고, 게임회사 경력도 10년이 넘었습니다. 게임기기, PC 보급과 동시에 게임을 시작했으니 아마 대한민국을 넘어 전 세계를 통틀어도 저만큼 게임을 많이, 오래 한 사람은 드물 겁니다.

이 정도의 경력이라면 선배 게이머로써 현재 게이머분들에게 하나의 목소리를 내도 되겠다는 생각이 들었습니다. 그래서 조심스럽게나마 여러분께 게임에 관한 여러 가지 이야기를 드리니 잘 들어주셨으면 좋겠습니다.

게임은 영화, 노래, 드라마, 예능과 같은 엔터테인먼트의 장르 중 하나입니다.

그중 게임은 다른 장르와 달리 내 선택이 반영되는 인터랙티브(상호작용)한 특별한 매력이 있습니다. 또한, 게임은 개인의 여러 가지 욕망을 충족시킬 수 있는 즐거운 가상세계입니다. 이 강력한 매력과 재미 때문에 문제가 발생하기 시작합니다.

여러 문제 중 가장 치명적인 것은 바로 게임을 하는 시간입니다.

게임은 금방 몰입되어 시간개념을 잃게 만듭니다. 게임 속에서 해야 할 여러 가지 일들을 정신없이 하다보면 생각보다 시간이 훨씬 많이 지났다는 것을 알게 됩니다.

우리나라 청소년들은 전두엽 발달이 아직 완성되지 않은 상태이고, 특히 학업 스트레스도 심각한 편입니다. 특히 새로운 것에 호기심이 많은 시기입니다. 무작정 나쁘다고 하기보다는 직접 경험해보고 판단하여 자신만의 세계를 만들어가는 시기입니다. 이런 시기에 게임광고는 TV, 전철, 버스 등 오프라인과 포털, 유튜브, 게임커뮤니티, 웹툰, 인터넷 신문 등 온라인 전 영역에 걸쳐 탑 클래스 연예인과 걸그룹이 등장합니다. 그리고 손만 뻗으면 언제든지 게임을 실행할 수 있는 스마트폰이 바로 옆에 있습니다.

이런 상황에서 게임에 빠져들지 않기란 참 어려운 일입니다.

현재 콘텐츠진흥원에서 조사된 게임이용사실태 보고서에 의하면 10대 남자의

93%는 게임을 하고 있습니다. 이용시간 현황을 계산하면 평균 1년에 350시간 정도입니다.

게임은 가장 중독성 있고 재미있는 분야로 자리를 잡았고, 앞으로 가상현실 기술이 합쳐져 재미와 중독성 분야에서 항상 1위의 자리를 차지하게 될 것입니다.

아무리 아이에게 '게임을 하면 절대 안돼!'라고 해도 별 소용이 없습니다. 이미 대다수가 게임을 하고 있으니까요. 게임과 사랑에 빠진 청소년에게 '지금 당장 헤어져'라는 강요는 허락되지 않은 로맨스처럼 안타까움과 갈증을 더 불러일으킬 뿐입니다.

부모님은 게임에 관한 막연한 공포심으로 자녀들에게 더 무섭게 대합니다.
청소년은 게임에 대한 판타지와 재미로 귀중한 시간을 물처럼 쓰고 있습니다.
모두 게임을 정확히 몰라 일어나는 현상입니다.
게임과의 만남은 어떻게 시작되고, 그 결말은 어떻게 될까요.
게임에 대해 자세히 알아보는 것은 충분히 의미 있는 시간이 될 겁니다.

이 책의 1부는 게임에 빠질 수밖에 없는 게임의 재미요인을 설명합니다. 게임 속에서 느끼는 재미들은 개인의 여러 가지 욕망을 충족시키는 일입니다. 어떤 욕망을 충족하면서 재미를 느끼는지 18가지 요인을 살펴봅니다.

2부는 게임회사가 게임을 어떻게 만드는지 설명합니다. 게임 아이디어부터 기획, 제작 후 론칭, 서비스가 진행하는 모든 과정은 철저히 상업적인 기준으로 진행됩니다.

그래서 이 과정은 보시기에 다소 지루할 수 있습니다. 중요한 것은 많은 게임업계 종사자들이 사활을 걸고 이용자의 몰입력을 높이고, 게임을 더 많이 하도록 최선의 노력을 다하고 있습니다.

3부는 게임중독의 문제점과 게임중독에 빠질 수 없는 이유를 설명하고, 게임중독에서 벗어날 수 있는 실천적인 방법을 제시합니다.

1부, 2부, 3부는 각각 독립된 챕터로 어떤 챕터를 먼저 읽더라도 좋습니다. 다른 것보다 게임 탈출방법이 궁금하면 3부를 먼저 읽으시면 됩니다. 게임 제작 과정이 궁금하면 2부를 먼저 읽으시면 됩니다.

게임중독은 한 개인의 인생 전체를 좌우할 수 있는 중요한 문제입니다. 더 넓게 보자면 한 가정의 행복까지 포함될 수 있습니다. 이런 현상이 10대 청소년, 20대 청년 중 대다수에서 일어나고 있는 현실입니다.

청소년기는 사회 진출을 눈앞에 둔 아주 중요한 시기입니다. 이때 게임이라는 매력적인 도피처를 만나 같이 웃고 떠들며 즐기는 사이 돈과 시간을 뺏기고 때론 건강까지 나빠질 때도 있습니다. 시간이 지나 준비가 덜 된 채로 갑자기 사회에 나왔을 때가 돼서야 내가 선택 할 수 있는 직업시장이 아주 좁아졌다는 것을 깨닫게 됩니다.

매일 습관적으로 게임을 플레이하고 있는 자신을 발견하고, 지금 이 습관은 가까운 미래에 어떤 영향을 미치게 될지 생각도 해보고, 그것이 정말 내가 원하는 삶인지 잠시 되돌아보는 시간을 가질 수 있으면 좋겠습니다.

CONTENTS

3

게임과 중독

1

게임의 재미

게임은 왜 그렇게 재밌을까?

게임은 많은 사람에게 흥미를 끌 수 있는 여러 요소를 가졌습니다. 요즘 게임은 틈틈이 시간 날 때마다 할 수 있고, 할 때마다 새로운 흥밋거리를 제공합니다.

게임을 막 시작한 초반에는 형형색색의 시각적 자극에 사로잡힙니다. '우와, 끝내준다.', '이야, 진짜 멋지다.' 번쩍번쩍합니다. 정신없이 전투가 벌어지지요. 야시시한 캐릭터도 아른거립니다. 처음 해보는 온라인게임은 새롭고 놀라운 것들로 가득합니다.

아직은 왜 이기고 왜 지는지 정확히 알 수 없지만, 현란하고 재미있습니다.

이기면 기분이 좋고, 지면 짜증이 납니다.

1:1 전투가 펼쳐지면, 손에서 땀이 나고 긴장되지요.

더 잘하고 싶은 생각이 듭니다. 조금만 더 하면 금방 잘할 것 같습니다.

불리했던 상황에 운 좋게 멋진 승리를 거두면 기분이 끝내줍니다.

아직 게임을 시작한 지 두 달이 안 된 상태입니다.

게임에 적응하기 시작한 게임 중반은 반복 학습을 통해 기술을 연마하는 단계입니다.

이때가 게임을 가장 많이 하고 싶어지는 시기입니다.

이제 처음 느꼈던 새로움은 많이 줄어들었습니다. 이때는 예상 밖의 상황이 펼쳐질 때만 긴장하거나 놀라는 등의 반응을 보입니다.

아직 다양한 경험이 부족해 예상 밖의 상황이 자주 펼쳐져 게임이 가장 재밌는 단계입니다.

이제 다 알 것 같지만, 아직 모르는 것도 많습니다.

게임에 대해 자주 얘기하는 친구도 생기고, 게임 내 모임인 길드를 기웃거릴 때입니다.

연습할 기술은 많고, 아직 경험해보지 못한 최상위 콘텐츠도 있습니다.

잘하고 싶지만, 연습할 시간이 부족합니다. 조금만 더 연습하면 정말 잘할 것 같은데, 그러면 계속 이길 것 같은 생각이 듭니다.

한창 승리감에 목마를 때입니다. 이기면 기분 좋고, 역전승은 통쾌합니다.

자신의 뛰어난 플레이로 팀을 승리로 이끌면 기분이 더 짜릿짜릿합니다.

전투의 클라이맥스에서 긴장감이 한껏 고조됐다가 승리가 확정되는 그 순간 머리부터 등줄기를 타고 손끝까지 짜르르~하는 최고의 도취감과 승리의 환호성이 터집니다.

긴장감과 몰입감이 최대로 올랐다가 맛보는 짜릿한 승리감! 그리고 찾아오는 안도감과 기분 좋음, 자신만만해지는 느낌까지 이어집니다. 다른 어떤 것으로도 이렇게 강렬한 기분을 주기 어렵습니다. 게임을 할 때마다 매번 이런 느낌을 받진 않습니다만, 가끔씩 터지는 짜릿한 기분이 계속 생각나곤 합니다.

게임커뮤니티에서 잘하는 방법을 찾아보고, 유튜브에서 잘하는 프로게이머나 게임 BJ의 플레이 영상을 찾아봅니다.

이 단계는 게임을 시작한 지 6개월~1년 정도 됩니다.

게임에 완전히 익숙해진 후반은 게임의 전체 운영하는 법을 알고, 게임커뮤니티에서 어울리는 단계입니다.

전투는 이제 습관이 되었습니다. 시간의 흐름에 따라 어떤 변화가 일어날지 알게 됩니다.

게임 초반부터 작은 유리함과 불리함을 감각적으로 느낄 수 있고, 이것이 전체 판도에 어떤 영향을 미칠지 감이 옵니다. 이런 예리한 감각은 이제 당연하게 느껴지고, 동료가 엉뚱한 플레이를 하면 화가 납니다.

완벽히 마스터한 캐릭터나 주력 무기가 한 개 이상 있습니다. 이것으로는 이제 할 게 없어서 다른 플레이 방식에 도전합니다.

한두 가지 기술이 아니라 모든 기술을 연마합니다.

게임 속에서 친한 친구들이 많이 생기고, 자주 같이 게임을 합니다.

이 단계는 1년 이상 게임을 꾸준히 해온 상태입니다. 게임 이외의 취미가 별로 없고, 달리 할 것도 없습니다. 시간이 날 때마다 습관적으로 게임을 합니다.

게임에 빠지는 과정들은 대부분 이런 단계를 거칩니다.

초반부터 중반까지는 게임의 강력한 매력에 이끌려 게임을 시작하고, 기술을 연마합니다. 그렇게 1년여 시간이 지나면 게임 이외에는 다른 재미를 찾기 어려워집니다.

이렇게 게임중독에는 게임이 갖는 문제와 게임을 계속하는 사람의 문제가 공존합니다.

우리나라는 게임에 관한 한 세계적인 강국입니다. 『바람의 나라』와 『리니지』를 시작으로 본격적인 게임 시장이 열리고, 많은 게임 매니아층이 생기기 시작했습니다. 저도 그중 한 명이었습니다.

『스타크래프트』로 PC방이 전국에 활성화되고, 게임 실력도 세계를 제패한 이래, 여러 가지 종목에서 게임 강국임을 자랑하고 있습니다.

지금도 10대 청소년부터 30대까지 많은 친구가 『배틀그라운드』, 『리니지(M)』, 『리그오브레전드』와 『오버워치』, 『피파』 등을 즐겨하고 있습니다.

이 중 『리그오브레전드』를 좋아하는 Y군의 상황을 살펴보겠습니다.

Y군이 『리그오브레전드』를 처음 알게 된 것은 1년 전입니다. 중학교 2학년이 되면서 새로 사귄 친구들과 『리그오브레전드』를 시작했습니다.

처음에는 친구들과 웃고 떠들고, 놀리는 재미에 시작했습니다. 그러다가 짧은 시간에 친구들보다 훨씬 잘하게 되면서 더 잘하고 싶은 생각이 들었습니다.

최근 엄마 몰래 PC방에서 게임하는 것이 들켜 가끔 혼나기 시작했습니다.

엄마는 특히 약속한 시간을 어기면 싫어했습니다. Y군도 시간을 어떻게든 지키고 싶었지만, 상황이 항상 이상하게 꼬이게 되어 약속을 지키지 못하곤 합니다.

예를 들면 이런 식입니다.

엄마에게 집에 간다고 얘기한 시간이 애매하게 20분 남았습니다. 한 판을 빨리 끝내면 시간을 맞출 것 같습니다. 빨리 한판 만 더 하고 집에 가야지 생각합니다.

그런데 딱 이 판만 하고 집에 가려고 했는데, 같은 팀원의 형편없는 플레이 때문에 패배하고 나니 짜증이 밀려왔습니다.

'꼭 마지막에 이런 놈이 걸린다니까. 이번 판은 무효다.'

시간은 이미 약속보다 10분이 지났습니다.

'진작에 약속 시간도 지났고, 엄마한테 혼날 건 뻔한데, 이럴 바엔 한 판만 더 하자. 이런 기분으로 집에 갈 순 없지. '

이어서 한 판을 더 했는데 또 아깝게 졌습니다. 한참 기분 좋게 이기다가 마지막에 지고 가려니 뭔가 아쉬운 기분이 듭니다.

엄마가 화내는 모습이 머릿속에 떠오르고 있습니다. 하지만 이런 기분으로 집에 갈 순 없습니다.

'엄마와 약속한 시간은 1시간이 지났지만, 이런 기분으로 집에 가면 싸우기나 하고, 아무 것도 못해. 한 판만 이기고 기분 좋게 집에 가야지.'

이제 진짜 딱 한 판만 하고 집에 가겠다고 마음먹습니다.

'이번 판은 나 말리지마. 이번 판은 진지하게 한다.'

드디어 마지막 판 기분 좋게 이겼습니다. 이제 집에 가서 엄마한테 늦을 수밖에 없었던 사정을 설명하고, 기분 좋게 공부를 할 생각입니다.

집에 돌아가 보니 엄마의 표정이 어둡습니다. 잔뜩 화가 나신 것 같아 미안하지만, 사정을 잘 설명하고 애교도 떨어보고 했습니다. 엄마는 여전히 화를 내고 잔소리를 합니다.

좋았던 기분이 다시 나빠지고, 엄마한테 화가 납니다.

'엄마는 내 기분도 모르고, 왜 그렇게 뭐라고 하기만 해. 다음부터 약속 잘 지키면 되잖아요!'

Y군은 문을 쾅 닫으며 자기방으로 들어갑니다.

익숙한 풍경입니다. 게임을 하다 보면 몰입하게 되어 시간개념이 없어집니다.

마지막 딱 한 판을 조절하느냐 조절하지 못하느냐에 따라 이렇게 큰 차이가 납니다.

게임을 하면 어떤 마음이 들길래 그토록 재밌는 걸까요?

이제 우리가 게임의 재미에 빠지는 이유를 알아보겠습니다.

1. 게임 플레이 현장

게임이 얼마나 재미있는지는 사실 직접 해봐야 압니다.

온라인게임은 『리그오브레전드』, 『배틀그라운드』, 『오버워치』 등이 현재 인기가 많습니다만, 이 중에서 『리그오브레전드』의 재미요인을 이제부터 알아볼 것입니다.

모바일게임은 『리니지M』을 비롯한 RPG게임 등 여러 가지 장르가 있습니다. 이 중에서 심심풀이로 많은 사람들이 즐기는 퍼즐게임을 살펴보겠습니다.

『리그오브레전드(League Of Legends)』가 재미있는 이유

『리그오브레전드』는 2011년 12월에 한국에 출시되어 아직도 많은 유저가 즐기고 있는 인기게임입니다.

우선 게임의 기본적인 룰을 먼저 살펴보겠습니다.

소환사의 협곡이라는 맵에는 세 갈래 길이 있고, 각 길목을 지키는 타워가 있습니다. 타워를 뚫고 가면서 기지 가장 안쪽의 넥서스라는 건물을 파괴하면 승리하는 AOS 장르 대표게임입니다.

AOS 장르 : Aeon(영원, 오랜시간) of Strife(분쟁, 갈등) 의 줄임말로 『워크래프트3』의 유저 제작 변형게임(MOD)인 『도타』(DotA)와 비슷한 게임 규칙을 가진 작품들을 총칭하는 장르명으로 『리그오브레전드』에서 정착된 신개념 장르입니다.

세 갈래 길 중 가장 위에서부터 탑 라인의 탱커, 미드 라인 AP딜러, 바텀 라인의 원거리 AD딜러, 서포터에 각 라인을 로밍(배회)하는 정글러까지 각 플레이어의 역할 구분이 비교적 명확합니다.

여기에 각 본진에서 주기적으로 생성되어 공격하는 미니언을 사냥해야

『리그오브레전드』 챔프 이미지

골드가 들어오는 기본적 규칙이 있습니다.

대체로 라인전과 운영, 한타(총력전) 구간으로 나뉩니다.

이제 진행에 따라 『리그오브레전드』를 하면서 흔히 발생 되는 일을 한번 보겠습니다.

– 라인전 구간

게임 초반.

상대의 실력을 모르기 때문에 조금 설레는 탐색시간.

상대방과 1:1 라인전, PvP가 시작됩니다.

상대방의 스킬 쿨타임 사이클을 고려해야 하고, 상대편 미니언의 마지막 타격을 놓치지 않으면서 상대방은 우리 편 미니언을 잘 사냥하지 못하도록 방해해야 합니다.

스킬과 일반 공격을 이용해서 미니언과 상대방을 공격합니다.

남아있는 미니언 숫자에 따라 미니언끼리 전투하는 라인이 당겨지기도 하고, 밀어지기도 합니다.

긴장되는 적 챔프(Champion, 플레이어 캐릭터)와의 첫 기 싸움 시간.

상대의 스킬 쿨타임을 잘 계산해서 기 싸움에서 큰 이익을 봅니다. '좋았어!'

기 싸움에 성공하면, 기회를 살려서 상대가 미니언을 적게 사냥하도록 압박을 합니다.

'미니언 드시고 싶으면 피 채워서 오세요.'

남은 체력도 적은 상대방이 앞에서 감히 미니언을 사냥하려고 합니다.

'어쭈 겁도 없이..?'

쫓아가서 혼내줘야지. 기 싸움이 다시 시작되고, 상대방은 남은 체력이 거의 없습니다.

미소를 지으며 이제 퍼블(First Blood, 첫 킬/선취점) 순간이 옵니다. 그런데,

'어라, 부쉬(bush, 챔프를 숨길 수 있는 수풀) 속으로 숨네? 그래봐야 넌 죽었어'를 외치며 쫓아갑니다.

부쉬에서 갑자기 상대편 정글러가 튀어나옵니다. '헉, 이건 뭐야'

'도망이 연기였단 말인가…. 한 대만 더 때리면 죽일 수 있었는데…. 이런.'

윽, 윽, 악, 하더니 내 챔프가 사망하고 화면이 회색으로 변합니다.

체력이 적던 상대방이 나오더니 내 위에서 춤을 춥니다.

살며시 주먹이 쥐어지고, 힘이 들어갑니다. '좋아, 그랬단 말이지, 두고 보자.'

도대체 정글러는 언제부터 있던 걸까?

정글러라는 로밍 플레이어가 만들어내는 불규칙성이 1:1, 2:1, 2:2, 때로 3:3 이상 다양한 전투 양상을 만들어냅니다.

또한, 라인전 챔프 간의 상성과 세부적으로 룬, 스킬 순서, 특성, 소환사 주문, 아이템 트리의 상성까지 생각할 게 많습니다.

– 운영, 한타 구간

정해진 시간이 있는 것은 아니지만, 라인전에서 대략적인 승부가 나면 라인전을 포기하거나 라인전 우위를 바탕으로 타워 파괴가 시작됩니다. 아군이 모여서 타워를 파괴하며 전진하다 보니 상대방도 모이게 되고 자연스레 한바탕 큰 싸움이 벌어집니다

상대 팀의 원거리 딜러와 미드 라인의 AP딜러를 먼저 잡기 위해 탑과 정글러, 서포트 플레이어가 CC기(군중 제어기, 방해효과) 위에 손을 올려놓고, 기회를 엿봅니다. 무리해서 진입하다가 아군의 피가 많이 깎이게 되면 후퇴해야 하고, 운 나쁘게 몇 명이 잡혀 죽게 되면 우리 편 전체가 불리하게 됩니다.

한타, 즉 총력전에서 크게 승리한 팀이 대체로 승부를 가져가게 됩니다. 물론 역전도 비일비재하게 많습니다.

사냥하면 전황을 유리하게 만들어주는 중립 몬스터인 바론이나 드래곤도 전투를 부추기는 요인이 되기도 하고, 이것을 오히려 역이용하는 전략도 볼 수 있습니다.

한타에는 우리 편 다섯 명의 챔프 간 시너지와 상대편 다섯 명의 챔프와의 상성 등이 또 커다란 변수가 됩니다. 그런데 『리그오브레전드』에는 챔프의 숫자가 무려 150명이 넘습니다.

여기에 10명의 플레이어는 각자 생각이 다르고 플레이 스타일도 다 다릅니다.

게임 규칙과 목표를 모두 이해했다 하더라도 이렇게 여러 가지 변수와 상황들이 매번 다르게 펼쳐집니다. 챔프 조합에 따른 5:5 한타의 조합과 유저의 플레이스타일까지 고려하면 그야말로 한 판 한 판이 10명의 플레이어가 연주하는 흥미롭고 새로운 변주곡이 됩니다.

1:1 라인전은 상대 챔프에 대해 잘 알고 있어야 승리가 가능합니다. '게임을 잘한다'는 칭찬을 들으려면 최소 5~10개 이상의 인기 있는 챔프를 이해

하고 있어야 합니다. 그러려면 더 많은 시간을 공부하고 스킬 정확도와 타이밍 등을 연습해야 하는 것은 당연한 일입니다.

롤 관련 커뮤니티 게시판을 살펴보면 롤을 연구하면서 플레이하는 수많은 노하우 글을 볼 수 있습니다.

여러 유저가 수많은 연구와 연습으로 상위 랭크를 향해 열공 중입니다.

『리그오브레전드』는 매번 같은 전장에서 플레이를 하기 때문에 금방 질릴 것 같습니다. 그런데 의외로 그렇지 않습니다. 바둑판은 가장 단순한 맵이지만 매번 흥미진진한 전투가 끝없이 펼쳐지는 것처럼, 『리그오브레전드』도 같은 전장이지만 엄청난 다양성으로 항상 새로운 경험을 가져다줍니다. 각자의 매력을 가진 수많은 챔프들, 독특한 특성과 물고 물리는 상성을 공부하고 스킬을 연마해야 실력이 조금씩 올라갑니다. 이런 것을 보면 『리그오브레전드』는 그야말로 빠져나갈 수 없는 블랙홀 같은 게임입니다.

『프렌즈팝』이나 『꿈의 정원』과 같이 매치3 퍼즐게임이 재밌는 이유

매치3 퍼즐(인접한 보석을 움직여 공통된 보석이 3개 이상 일직선으로 놓이면 사라지고 점수를 얻는 게임)도 게임의 종류가 참 많습니다. 이 중에 『꿈의 정원』을 한 번 살펴보겠습니다.

『꿈의 정원』은 매치3 게임의 기본 형태를 따라가면서도 색감이 아주 훌륭합니다. 조금은 어수룩해 보이는 집사 아저씨가 정원을 꾸미는 순서를 친절하게 알려주지요.

매 스테이지마다 새로운 미션을 달성하면 잘했어! 하고 '반말'로 칭찬합니다. 별을 모아서 일을 시키면 시키는 대로 정원을 잘 꾸며줍니다. 어수룩한 인상이 참 좋은 사람처럼 보입니다. 편안한 인상에 중간에 나오는 강아지도 마음에 듭니다.

한 판씩 클리어해 나가는 재미와 정원을 꾸며가는 재미가 있습니다. 게다가 새로운 인물들이 나오고 새로운 사건이 발생하면서 정원이 점점 커집니다. 점점 내 집이 더 깨끗해지고 커지는 기분이지요.

무엇보다 잠깐씩 시간 날 때 한 판씩 부담 없이 할 수 있으니까 그게 가장 마음에 듭니다. 아무 생각 없이 한 판씩 진행하다 보면 별이 쌓이고, 그 별로 새로운 일을 완수하면서 집을 훌륭하게 개조해 나갑니다.

그런데 진행이 수월할 때는 괜찮습니다만, 가끔 어려운 레벨이 나오면 참 곤란합니다. 클리어할 수 있을 듯 말 듯 하면서 결국 실패하고 맙니다. 아쉬움이 많이 남습니다. 게임을 플레이하는데 필요한 하트는 다 떨어져서 30분은 기다려야 하트가 하나 생성됩니다. 이 스테이지를 클리어해야 목표를 하나 달성할 수 있는데 말이죠.

지난번엔 계속 클리어에 실패한 스테이지가 있어서 아이템을 조금 썼습니다. 조금 돈을 쓰긴 했지만, 재밌게 플레이하고 있으니까 이 정도 과금은

「꿈의 정원」

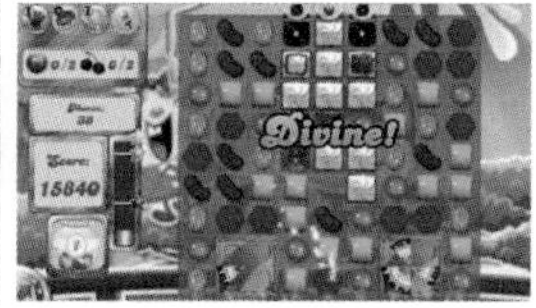

〈King사의 『캔디크러쉬소다』, 『캔디크러쉬사가』, 『캔디크러쉬젤리』〉

괜찮을 겁니다. 또 어려운 스테이지가 나올 것 같아 조금 불안하긴 하지만, 그건 그때 생각하면 됩니다.

하트가 다 떨어지고 시간도 좀 남았을 때는 방법이 있습니다.

바로 다른 퍼즐게임을 하면 됩니다. 『캔디크러쉬사가』라는 게임이 있습니다. King사를 한방에 세계적인 회사로 만들어준 글로벌 메가 히트 게임이지요. 이것도 퍼즐류 게임의 최강자 중 하나입니다.

파스텔 색감과 귀여운 이펙트, 가끔 터지는 중저음 사운드가 정말 매력적입니다. 게다가 친구들이 어느 스테이지까지 진행하고 있는지 다 알 수 있습니다. 친구 프로필을 보면 가끔 반가운 느낌도 듭니다. 한 판씩 진행하다 보니까 시간이 훌쩍 갑니다. 언제까지 할 수 있나 계속 해봅니다. 오우, 마지막까진 100판도 넘게 있네? 이것도 하다보니 하트를 다 썼군요.

『캔디크러쉬사가』, 『캔디크러쉬소다』, 『캔디크러쉬젤리』 모두 King사 제품으로 외견이 깔끔하고 이쁩니다. 구성이 조금씩 다른 느낌의 퍼즐이네요.

이번엔 다른 퍼즐게임을 살펴보겠습니다.

같은 장르면서 조금 다른 방식의 『프랜지팝』과 『프랜지팝콘』은 6각형이라는 참신한 모양으로 퍼즐을 꾸몄습니다. 이게 또 적당히 어려워지면서 다양한 재미를 주는군요. 『프렌즈팝콘』은 기본적인 색감과 이펙트도 멋지고, 캐릭터야 워낙 유명하니까 말이 필요 없고, 게임의 난이도나 스테이지 구

「프렌즈팝」과 「프렌즈팝콘」 익숙한 프렌즈 친구들의 퍼즐게임

성, 컬렉션 요소와 연출 감각도 최상급입니다.

온라인게임의 대표로 『리그오브레전드』를 살펴보았습니다. 모바일게임은 RPG게임도 많고 『모두의 마블』도 장수게임이지만, 보편적으로 잘 이용하는 퍼즐게임을 살펴보았습니다.

이런 다양한 게임을 많은 사람이 하는 그 이유는 무엇일까요?

2. 우리가 게임을 하는 이유

2017년 콘텐츠진흥원에서 조사한 자료를 살펴보겠습니다.

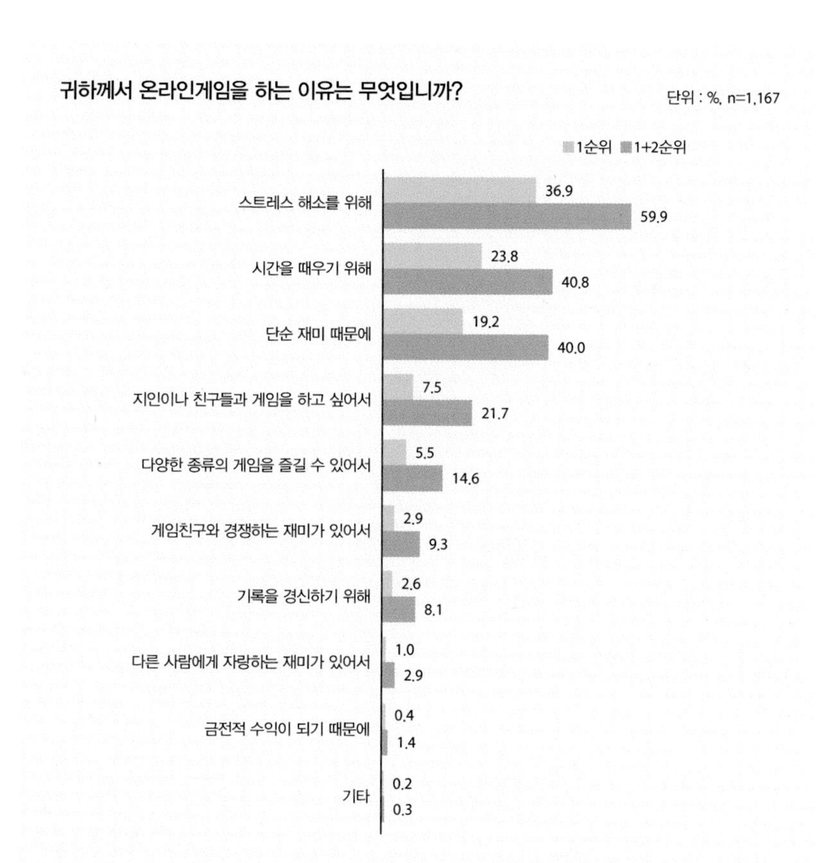

온라인게임을 하는 이유, 2017 게임이용자 실태조사 보고서, 출처: 콘텐츠진흥원

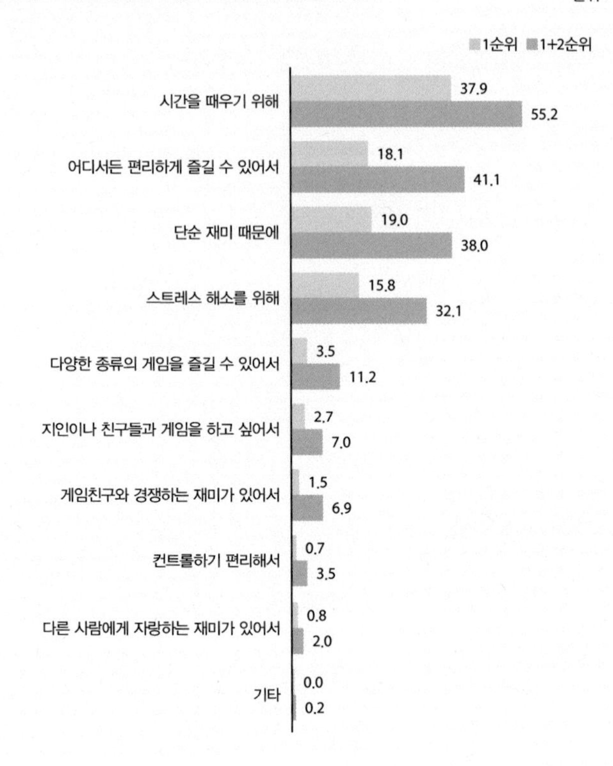

모바일게임을 하는 이유, 2017 게임이용자 실태조사 보고서, 출처: 콘텐츠진흥원

두 가지를 종합해보면 다음과 같습니다.

* **스트레스 해소를 위해**
* **시간을 때우기 위해**
* **단순 재미 때문에**
* 지인이나 친구들과 게임을 하고 싶어서

* 다양한 종류의 게임을 즐길 수 있어서
* 게임친구와 경쟁하는 재미가 있어서
* 기록을 경신하기 위해
* 다른 사람에게 자랑하는 재미가 있어서
* 컨트롤이 편리하고 어디서든 편리하게 즐길 수 있어서

결국 재미가 있어서 게임을 하는 것으로 나타납니다.

그런데 구체적으로 무엇을 재밌다고 하는 걸까요? 그게 궁금합니다.

게임을 시작하면 우리는 과연 무엇을 재밌다고 느끼면서 멈추지 못하고 계속하는 걸까요? 때로는 재미없다면서 게임을 그만두는데, 그 재미라는것이 무엇인지 살펴보겠습니다.

게임의 재미는 자신의 욕망을 충족시키는 데 있습니다. 게다가 그것을 충족하는 과정을 내가 컨트롤할 수 있습니다. 게임의 이런 인터렉티브한 특성은 다른 장르와 차별화된 매력적인 재미요인입니다.

게임을 통해 얻을 수 있는 재미를 18가지 요인으로 살펴보겠습니다.

1. 미학적 재미

인간은 다른 동물들보다 뇌의 영역 중 시각 영역이 특히 발달했습니다. 인간의 뇌를 보면 대뇌피질 전체에서 시각피질이 차지하는 영역이 나머지 감각을 처리하는 피질영역보다 훨씬 넓습니다. 인간의 두 눈은 모두 정면을 향하고 있어 거리와 형태, 색깔을 정확하게 볼 수 있습니다. 이런 특성으로 멀리서도 맹수를 빨리 알아볼 수 있고 사냥감을 정확히 판단하는데 결정적인 역할을 해왔습니다. 이렇게 시각에 대한 의존도가 매우 높기 때문에 게임도 시각적인 만족을 주기 위해 발전해왔습니다.

일례로, 보통 남성들이 게임에 많이 몰입하기 때문에 게임을 개발할 때 매력적인 여성을 많이 보여주도록 합니다.

남자의 경우 아래 그래프에서 보듯이 매력적인 여자가 눈에 보이면 자기도 모르게 시선이 붙들려버립니다. 거기에 초두효과까지 겹쳐지면 게임의 인상 자체가 결정되기 때문에 매력적인 여성을 더욱 아름답게 표현하려고 노력합니다.

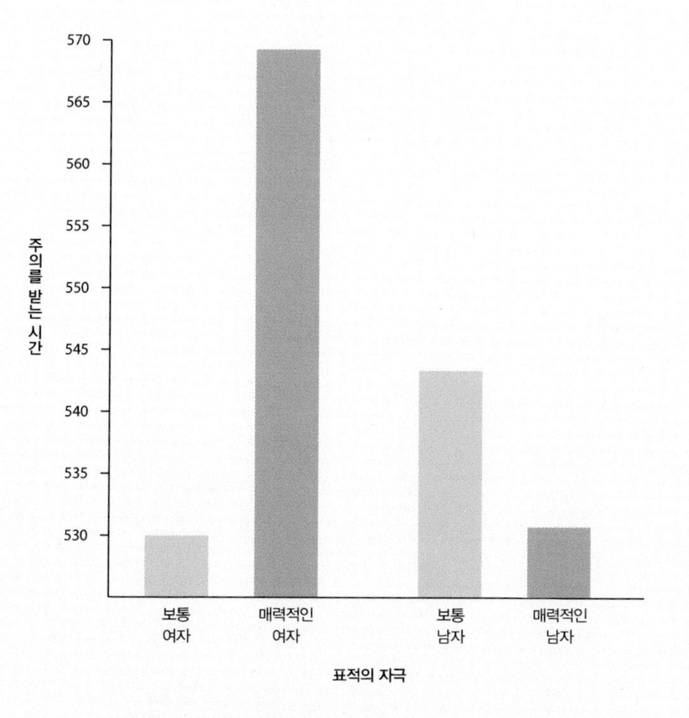

최초의 주의가 아주 매력적인 여자 이미지에 붙들리기 때문에, 남자 표적이나 보통 여자 표적의 이미지에 비해 그런 이미지에서 주의를 떼어내기가 훨씬 어렵다.

표적의 자극, 출처: 『진화심리학』

초두효과 : 먼저 제시된 정보가 추후 알게 된 정보보다 더 강력한 영향을 미치는 현상. 인상형성에 첫인상이 중요하다는 것으로 '첫인상 효과'라고도 한다. 또한 3초 만에 상대에 대한 스캔이 완료된다고 해서 '3초 법칙', 처음 이미지가 단단히 굳어 버린다는 의미로 '콘크리트 법칙'이라고도 한다. (『너 이런 심리법칙 알아?』, 이동귀, 21세기 북스, 2016)

게임 개발을 하며 캐릭터를 결정할 때도 청순한 콘셉트, 섹시한 콘셉트, 귀여운 콘셉트를 기본으로 제공하는 경우가 많습니다. 실제 만들어지는 비율도 청순글래머가 거의 1위입니다. 2위가 작고 귀여운 여자 캐릭터고, 3위가 멋진 남자 캐릭터, 4위가 우락부락한 타입 순이죠.

『데스티니 차일드』는 『마그나카르타』와 『블레이드앤소울』로 유명 일러스트레이터인 김형태 작가가 메인으로 참여하여 수준 높은 캐릭터 카드를 선보였습니다. 그가 그려낸 일러스트에 많은 팬이 열광하면서 큰 성공을 거뒀

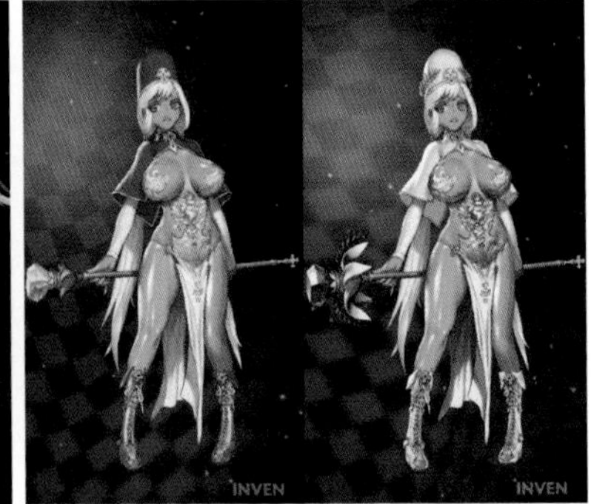

『데스티니 차일드』의 육감적인 캐릭터, 출처: 인벤

습니다. 그 특유의 볼륨감은 선정성을 자극하기도 하지만 많은 남성에게 어필한 점은 숨길 수 없는 사실입니다.

게임은 실제 손에 잡히는 감각이 없어 화면의 시각적인 자극만으로 몰입을 이끌어내야 합니다. 『함대컬렉션』이나 『확산성 밀리언아서』 등 여러 게임은 진행에 따라 하나의 캐릭터가 평소 이미지와 변화되는 이미지를 연출하기 시작했습니다. 『데스티니 차일드』, 『소녀전선』에서도 마음에 드는 캐릭터를 볼 때 이 캐릭터의 옷이 바뀌면 어떤 이미지가 나올까 하는 호기심과 은근한 흥분이 유발됩니다.

「소녀전선」, 「함대컬렉션」 캐릭터의 이미지변화

다른 모습으로 변화하는 모습은 각성 또는 강화를 시켜야 볼 수 있는 만큼 게임 몰입에 좋은 동기부여가 되어 매출에도 큰 도움이 되었습니다.

『검은사막M』의 캐릭터 커스터마이즈는 정교하기로 유명합니다. 특히 잘 만들어진 여자 캐릭터를 보면 '참 예쁘다'라는 생각이 저절로 듭니다. 게임이 갖는 시각적 아름다움은 가장 큰 매력 중 하나입니다.

「검은사막M」, 수준 높은 캐릭터

시각적 즐거움 외에도 청각적 즐거움이 있습니다. 게임 시작 전 로비에서 들리는 음악과 사냥이 시작되면서 나오는 음악, 맞거나 공격할 때 들리는 타격음 등은 의외로 큰 역할을 할 때가 많습니다.

또 눈앞에서 빵빵 터지는 스킬과 이펙트는 형형색색의 불꽃놀이만큼 화려해졌습니다. 이것과 어울리는 물리엔진 프로그램과 타격음 등이 캐릭터에 자연스러운 무게감을 주면서 게임에 더욱 몰입하게 됩니다. 이런 감각적 완성도가 뛰어날수록 게임에 매력을 느끼고 몰입하게 됩니다.

이게 가장 처음 만나는 게임의 재미일 것입니다.

2. 가상세계 체험하기

정교하게 설계된 세계관, 그 속에서 살아있는 여러 영웅의 이야기를 듣다 보면 어느새 그들과 동화되어 친구가 되고, 플레이어 역시 그 세계의 영웅이 되어갑니다. 이들이 사는 세계 속으로 점점 빠져들어 물건을 사고팔고,

돈을 벌고, 장비를 맞추면서 점점 게임 속 세계 사람이 되어 갑니다.

2000년 초반에 게임 세계를 강타한 MMORPG, 『월드오브워크래프트』도 세계관이 잘 짜인 게임 중 하나입니다. 캐릭터와 함께 거대한 아제로스 대륙을 구석구석 탐험해보는 것은 흥미로운 경험이었습니다. 특히 오그리마라는 도시로 들어갈 때 둥둥둥둥 울리는 웅장한 북소리와 인간 왕국 스톰윈드의 성스러운 가스펠 합창, 블리자드 스케일답게 웅장한 세계와 더불어 아주 작은 공간의 디테일까지 섬세하게 묘사한 명작이었습니다.

게임에서 제공한 새로운 세계의 경험과 더불어 유저는 감각적으로 일치감을 느낍니다.

화려한 이미지와 묵직한 타격 사운드, 정교한 물리엔진은 우리를 캐릭터가 느끼는 감각을 함께 느낄 수 있게 해줍니다. 뚜벅뚜벅 걸어가면 답답함을 느끼다가, 신발을 신고 이동속도가 빨라지면 '우와, 진짜 빨라' 이런 느낌도 갖습니다.

『배틀그라운드』를 할 때도 갈대숲을 기어가다 보면 조마조마한 기분이 들고, 그러다가 어디선가 날아오는 총탄에 퍼벅 소리가 나며 피가 깎입니다. 이어서 또 총탄에 맞게 되면 나도 모르게 '으악!' 소리가 절로 나옵니다. 실제로 아픈 느낌까지는 아니지만, '아, 죽으면 안돼, 죽으면 어떡하지' 하는 죽기 싫은 마음과 조마조마한 마음이 듭니다.

이런 감각적인 일치감이 게임을 더 재미있게 합니다.

게임 속 상황이 실제 지금 자신에게 발생하는 감각처럼 느껴지는 겁니다.

또한, 1인칭 시점의 공포 게임을 하다 보면 점점 공포심이 커집니다.

'아 뭔가 불쾌한 것이 나올 것 같아. 아, 앞으로 가기 싫어.'

한 발짝 앞으로 움직이는 것조차 싫어질 만큼 높은 몰입도와 가상체험을 만들어줍니다. 이렇게 강력한 몰입감과 간접 경험을 해주는 곳은 영화나 게임밖에 없을 겁니다.

지금처럼 모니터를 보고 게임을 하는 것도 몰입감이 상당한 편입니다. 그런데 앞으로 VR(Virtual Reality, 가상현실)기기로 플레이하게 되면 얼마나 몰입감이 클지 기대가 되면서도 한편 걱정이 됩니다.

참고로 캡콤의 유명한 타이틀 『레지던트이블7』은 VR모드를 지원하는 공포게임으로 유명합니다. 평소 공포영화를 즐기는 분이라면 플레이를 도전해보시기 바랍니다.

앞으로 4차산업혁명 시대가 오면 VR기기가 보급되고 여기에 AR(Augmented Reality, 증강현실)기술까지 더해서 진짜 현실을 반영한 혼합 가상세계(Mixed Reality)를 체험할 수 있게 될 것입니다.

캡콤의 『레지던트이블7』

3. 패턴 인식하기

사람은 스스로 패턴을 만들어내고, 패턴화 작업을 하게 됩니다.

『꿈의 정원』을 보면 3개의 퍼즐을 일렬로 맞추면 뿅 사라지는 게임입니다. 처음에 규칙을 익힐 수 있도록 튜토리얼을 보여줍니다. 반짝반짝하게 표시해 호기심에 몇 번 하다 보면 금방 규칙을 알게 됩니다.

RPG게임을 할 때도 규칙을 알아가는 과정은 비슷합니다. 필드나 던전에 나가 몬스터를 잡고, 골드를 얻고, 얻어진 골드로 장비를 업그레이드하는 과정입니다. 사람이 가지고 있는 근본적인 성장 욕구와 수집 욕구를 충족하는 과정에서 빠르게 규칙을 파악하게 됩니다.

사람은 누구나 무언가를 모으고 싶은 욕구가 있습니다. 게임을 몇 번 하다 보면 어떤 것이 내게 이익이 되는지 금방 습득하게 됩니다.

뇌는 새로운 것을 보면 그것이 나에게 이익이 될 것인지 손해가 될 것인지를 빨리 알아내도록 설계되어 있습니다. 뇌의 이런 기능은 진화적 산물로 발전해왔습니다. 무언가 새로운 것을 발견하면 생존에 도움이 되도록 빨리 결정해야 합니다.

새로운 무언가가 있다는 것은 어떤 위험이 있는지, 안심할 수 있는 대상인지 확인이 필요합니다. 이 확인이 끝나지 않으면 계속 불안한 느낌이 남아있습니다. 뇌는 마음속에 미해결과제가 있으면 우선 해결하는 시스템으로 발전시켜왔을 겁니다. 이것은 임무완수와도 연결됩니다.

새로운 것에 주의를 기울이는 근본적인 이유는 생존에 어떤 위험이나 이익이 있는지 확인하기 위해서입니다. 위협을 끼치는 것이라면 경계하며 도망칠 준비를 해야 하고, 이익이 될 먹이라면 빨리 가서 먹어야 합니다. 누군가 또는 무언가가 위험한 것인지 아닌지 정체가 확인되지 않으면 쉽게 마음을 놓을 수 없습니다. 정체를 확인한다는 것은 패턴화 또는 카테고리화 한다는 것을 의미합니다.

그래서 새로운 것을 보면 빨리 파악하기 위해 각성과 호기심의 노르에피네프린과 도파민이 분비됩니다. 이들은 대표적인 중독물질 중 하나입니다.

우리가 새로운 것을 좋아하는 것도 이런 물질이 많이 분비되길 원해서일 수도 있습니다.

또한, 패턴을 파악하면 그만큼 뇌에 쓰이는 에너지를 절약할 수 있습니다. 패턴화는 자동적인 에너지 절약 과정입니다. 뇌는 몸의 2%에 해당하는 무게에 불과하지만, 우리가 먹는 에너지의 20%를 차지하는 엄청난 먹보입니다.

다트머스 대학의 심리학 교수인 조지 월포드(George Wolford)는 패턴을 인식하는 뇌의 기능을 해석자(interpreter)라고 정의를 내리면서 이렇게 말했습니다. "뇌는 패턴을 찾고 상관관계를 인식하도록 만드는 장치가 있는 것 같다."

게임은 온갖 새로움으로 가득 차 있습니다. 그것을 빠르게 알아채려고 뇌가 빠르게 동작하고, 패턴을 인지하고 확인하면서 만족감을 느낍니다. 새로운 규칙을 파악하다 보면 어느샌가 노하우가 쌓이면서 친구들에게 가르치기도 합니다.

4. 임무완수

게임을 설치한 후 튜토리얼을 시작하고 몇 번 클릭하면 레벨업, 미션 성공, 새로운 미션, 업적 보상처럼 게임에서는 다양하게 목표를 제시합니다. 하나씩 달성하다 보면 보상과 함께 작은 만족감을 얻게 됩니다. 게임은 이런 작은 성취감과 보상이 끊임없이 이어지도록 설계되어 있고, 때때로 의외의 큰 만족감을 줄 만한 보상도 있습니다.

또 힘들게 미션을 해결했을 때는 뭔가를 해냈다는 성취감을 줍니다.

쉽게 달성한 미션에는 가벼운 성취감을, 힘들게 달성한 미션에는 더 뿌듯한 성취감을 얻습니다.

이 임무완수의 느낌은 패턴 찾기에서도 말했듯이 미확인물체를 확인해야 안심할 수 있는 생존 반응에서 시작됩니다. 저 멀리 무언가가 보이는데 정확히 무엇인지는 아직 확인되지 않았습니다. 이런 미지의 것, 새로운 것이 보이면 주의를 기울이게 되고, 확인하고 싶은 마음이 생깁니다. 이것은 마음속으로 일어나는 것 같지만, 실제 노르에피네프린과 도파민이 분비되는 물리적 실체가 있는 현상입니다. 새로운 것이 있다면 얼마나 위협적인 존재인지 확인해야 합니다. 안전함이 확실히 확인되지 않으면 계속 경계심이 남아있습니다. 이 상태로는 편하지가 않겠지요. 그러다 위험상황이 사라지면 마음이 편안해지겠지요.

미확인 상태나 미해결 상태는 어떤 위험이 있는지 불확실한 상황입니다. 마음은 이런 상태를 불편해합니다. 빨리 해결해서 편해지려고 합니다.

이런 생존반응에서 보편적 심리현상으로 확장된 것이 미해결과제에 대한 게슈탈트 모델입니다.

게슈탈트 심리학은 지금 여기, 나에게 무엇이 어떻게 일어나고 있는지 알아차리는 것을 중요하게 생각하는 심리학입니다. 게임과 연관하여 진행되는 과정을 설명하면 이렇습니다.

만약, 게임에서 직업 퀘스트로 골렘 5마리를 잡으라는 임무가 주어졌습니다. 퀘스트 보상으로는 여태까지 갖지 못한 레어 등급 직업무기를 준다고 합니다.

1) 관심 있는 과제를 지각하기(출현)

'직업 퀘스트를 해야겠다.' 라는 생각이 우선순위가 높은 과제로 마음에 생겨납니다.

2) 에너지 동원하기

'직업 퀘스트, 골렘 5마리면 '용의 계곡'으로 가자.'

생각하면서 에너지를 사용합니다.

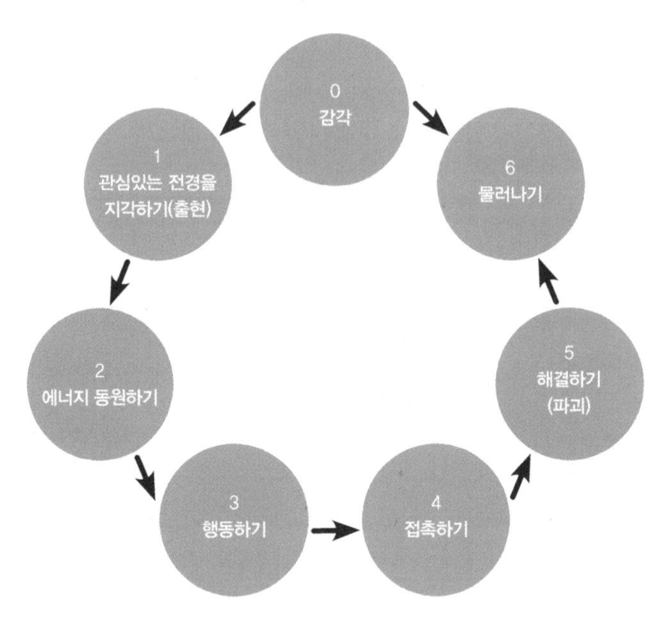

미해결과제에 대한 게슈탈트 모델

3) 행동하기

회복약을 사고 '용의 계곡'으로 날아갑니다. 실제 미션을 수행하기 위한 행동을 합니다.

4) 접촉하기

골렘이 있는 곳으로 가서 골렘 5마리를 사냥합니다.

'골렘아, 나와라, 얼른'

5) 해결하기

직업 퀘스트를 완료하고 보상을 받습니다. '오!, 나의 레어템'

이때 도파민성 호르몬이 나오면서 보상을 기대하는 마음과 성취감을 얻습니다.

6) 물러나기

퀘스트를 완료했으니 이제는 관련된 생각이 나지 않습니다. 머릿속에서 사라집니다.

그런데 만약 골렘 4마리만 잡고 1마리가 남은 상태에서 PC방의 남은 시간이 소진되었다거나 엄마가 불러서 중간에 꺼야 하는 상황이 됐다면 어떻게 될까요?

'아, 남은 1마리.', '1마리만 잡으면 끝인데….', '첫 레어템인데, 아쉽다.'

보상을 얻고 싶은 마음이 크면 클수록 빨리 해결하고 싶은 마음이 더 크게 남아있을 겁니다. 이렇게 마음속에서 해결되지 않고 남아있는 과제를 미해결과제라고 합니다.

미해결과제는 마무리되고 싶어 하는 속성이 있습니다.

예를 들어, 누군가에게 무슨 말을 꼭 하고 싶었는데 못한 경우, 시간이 지나도 계속 못했던 말이 생각나기도 합니다. 말하지 못한 고백이 계속 생각나는 경우와 같습니다.

신비주의나 츤데레 캐릭터가 의외로 좋은 결과를 가져다주는 경우가 많은 것도 이 미해결과제 현상 때문입니다. 신비에 쌓인 정체가 과연 뭘까 계속 생각나고, 많이 생각하는 만큼 친밀해집니다.

위키백과의 츤데레를 인용하면 이렇습니다.

'츤데레 캐릭터는 좋아하게 된 상대를 다른 사람 앞에서는 퉁명스럽게 대하지만 겉으로 드러나는 그러한 태도와는 달리 속으로는 호감을 갖는 상태이기 때문에 모순적인 언동을 보입니다. 두 볼에 홍조를 띄우며 "따, 딱히 널 위해 한 일은 아니야!"라고 말하는 캐릭터는 츤데레의 전형이다.' 정확히 정의할 수 없는 성격 때문에 속마음을 파악하지 못해 계속 생각나게 됩니다.

게임은 플레이어에게 끊임없이 새로운 미션을 줍니다. 미션과 보상, 미션과 보상으로 연결되는 뫼비우스의 고리와 같습니다. 그만큼 계속 생각이 나겠지요. 우리는 점점 더 해결하기 어려운 미션과 더 좋은 보상을 향해 달려갑니다.

5. 수집하기

예를 들어 우리가 좋아하는 게임에서 1주일 동안 크리스마스 이벤트가 진행됩니다. 거기에 등장하는 4가지 미소녀 카드가 있습니다. 이번 미소녀 카드는 크리스마스 콘셉트의 비키니 복장을 하고 있습니다. 거기다 이것을 갖게 되면 최강 라인업이 완성됩니다. 이번 기회를 놓치면 언제 다시 이벤트를 할지 모릅니다. 망설이던 차에 내 마음을 어떻게 알았는지 '1+1 캐쉬 이벤트'까지 합니다. 결제는 피할 수 없게 됐습니다.

『리니지』를 할 땐 '국민셋'이 있습니다. 누구나 기본적으로 6검 무기와 4방어구 세트를 목표로 플레이합니다. 하나씩 장비를 맞출 때마다 '휴, 장비 하나 맞췄다.'는 성취감과 수집 욕구가 충족됩니다.

『리그오브레전드』에서 가장 좋아하는 챔프의 새로운 스킨이 출시됐습니다. 일러스트도 너무 잘 나오고 이펙트도 화려해서 스킨을 구입 할 겁니다.

『리니지』 요정 장비 세트

매일 출석하면 7일마다 아이템을 주고, 30일 출석하면 상당히 좋은 보상을 줍니다.

이번 출석 보상은 현금 결제 아이템을 주기 때문에 30일까지는 꼭 출석

『리그오브레전드』의 인기 스킨들. 전투토끼 리븐이 눈에 띈다

하고 싶어집니다.

출석이라는 미션 달성 욕구와 좋은 보상의 수집 욕구가 모두 자극됩니다.

무언가를 수집하는 욕구는 인간뿐만 아닙니다. 개를 비롯해 다른 동물들도 먹이를 숨기는 경우가 많습니다. 다람쥐도 도토리를 숨겨서 모으는 속성이 있지요. 그중에서도 인간은 다른 어느 동물들보다 저장하는 속성이 뛰어나다고 합니다. 그만큼 저축이나 수집이라는 것은 생존에 도움이 되는 잠재적 욕구입니다. 반대로 소유한 걸 잃기 싫어하는 심리도 같이 발달하게 됩니다. 내 것을 잃는다는 것은 생존에 큰 위협으로 느낍니다. 마음은 이익보다 손실을 훨씬 더 크게 느끼도록 설계되어 있습니다. 이런 경향성을 손실회피성향이라고 합니다.

손실 회피에 관한 재미있는 실험이 있습니다.

1) 현금 1000만 원은 지금 바로 받을 수 있습니다.

2) 50% 확률로 3000만 원에 당첨될 수 있는 복권이 있습니다.

어느 것을 선택하시겠습니까?

50% 확률에 3000만 원의 복권이라면 기댓값은 1500만 원입니다.

50% 확률로 3배의 운을 시험해보겠습니까?

결과는 어떨까요?

무려 85%의 사람이 현금을 받겠다는 선택을 한다고 합니다.

복권을 선택하는 사람은 겨우 15%라는 것입니다. 85%라면 상당히 높은 수치입니다.

1500만 원의 기댓값을 갖는 복권이지만, 0원 받을 수 있는 가능성을 더 크게 보는 것입니다.

또한, 15% 복권 선택자 중 80%는 남성입니다. 여성보다 무려 4배나 높은 수치입니다. 남성의 모험을 선호하는 성향을 그대로 보여주는 결과라고 할 수 있습니다.

한편, 3000만 원 복권을 4000만 원짜리 복권으로 바꿔 기댓값을 바로 받는 현금에 비해 2배로 올릴 경우는 어떻게 될까요?

85%의 현금 선택률이 50%로 낮아집니다. 50% 확률에 4배의 보상이라면 절반 정도는 도전할 만하다고 판단합니다. 손실을 회피하는 성향과 충분히 가치가 있을 때만 베팅하는 안정성을 확인할 수 있는 실험입니다. 여러 실험 결과에서 보통 손실을 획득 가치보다 2~2.5배 정도 크게 느끼는 이런 현상을 손실회피성향이라고 합니다.

더 간단하게 손실을 회피하려 하는 성향을 나타내는 실험이 있습니다.

1번 상황입니다. 실험 시작 전 1만 원을 주고, 추가로 1만 원을 얻기 위해서는 테스트를 해야 한다고 합니다.

2번 상황입니다. 실험 시작 전 2만 원을 주고, 1만 원을 다시 받아냅니다. 1만 원을 되찾기 위해서는 테스트를 해야 합니다.

놀랍게도 2번 상황에서 훨씬 더 높은 비율로 테스트에 응하게 됩니다.

눈앞에서 벌어지는 단순한 설정 변화임에도 불구하고, '잠시'라도 내 것이었던 것은 되찾고 싶어 하는 마음이 생깁니다. 그리고 다시 잃기 싫어집니다. 이게 본성입니다.

영화 '하녀'에서 배우 전도연이 했던 말이 생각납니다. "줬다 뺏는 건 나쁜 거잖아요!"

인간이 안전하게 식량을 확보하게 된 역사가 얼마 되지 않았다는 것을 생각해보면 손실은 생존에 위험이 되는 상황이니 두려워하는 것도 당연한 것 같습니다.

수집은 사회적 서열을 나타내는 지표가 되기도 합니다. 남들보다 가진 것이 많다는 느낌은 사회적 신분이 올라가는 기분이 들기도 합니다. 장비가 월등히 좋거나 좋은 장비를 살 수 있을 만큼 돈이 충분하면 주위의 반응이 달라집니다. 이런 기분이 만족감을 높여주고 뿌듯함을 느끼게 합니다.

수집 그 자체가 기분이 좋은 과정이고, 많이 모아서 주위의 부러움을 사는 것도 기분 좋은 경험입니다. 이런 수집과정의 만족감과 사회적 우월감을 느끼면 재밌다고 생각합니다.

6. 양육하기

혹시 『프린세스 메이커』라는 게임 들어보셨는지 모르겠습니다. 꽤 오래전에 만들어진 육성시뮬레이션의 대표 격 게임입니다.

네이버 지식백과에 나온 『프린세스 메이커』를 소개해 드리겠습니다.

『프린세스 메이커』는 『신세기 에반게리온』으로 유명한 회사인 '가이낙스'를 살려준 효녀 게임입니다.

세계를 구한 영웅이 평범한 시골로 돌아와 딸을 키운다는 설정입니다. 게임 속이지만 딸 키우는 게 생각보다 만만치 않습니다. 모험도 보내야 하고, 일도 시켜야 하고, 공부도 시켜야 하고, 할 일이 많습니다. 역시 성장기에는 누구나 할 일이 많고 시간이 부족한가 봅니다.

그렇게 힘들게 키우다 보면 운명의 엔딩이 나옵니다. 목표는 프린세스가 되어야 하지만, 프린세스는 되지 않고 여왕이 되거나, 마왕이 되거나 때로는 술집 주인이 되기도 했지요.

이 『프린세스 메이커』가 큰 성공을 거두면서 가이낙스는 적자에서 벗어날 수 있었습니다. 이후에 불후의 명작 『신세기 에반게리온』이 탄생하게 됩니다.

양육의 즐거움은 내가 직접 이름 지은 캐릭터, 게임 속에서 만나 새로 이름 지어준 내 펫, 내가 만든 정원이나 나의 개인 룸, 내가 만든 농장 또는 커피 가게 등 참 많습니다.

내 손길이 닿으면서 내 의도대로 만들어지는 모습에 애착이 생기면서 점점 게임에 빠져들게 됩니다.

육성시뮬레이션 장르를 개척한 『프린세스 메이커2』 게임화면.

7. 질서 만들기

디아블로 같은 RPG, MMORPG를 하면 할수록 인벤토리가 잘 정리되어 있습니다.

플레이가 반복되면 어느새 내 행동에도 정형화된 패턴이 생기면서 소모되는 에너지가 절약됩니다. 전체적인 동선을 효율적으로 짜는 것이 일종의 팁과 노하우라고 볼 수도 있습니다. 최소의 시간으로 최대의 효과를 내는 플레이로 군더더기가 없어지면서 고수가 되어 갑니다.

예를 들어, 월드 접속하자마자 HP회복약 100개 사고, 던전으로 직행, 30분간 사냥하고 마을 귀환, 인벤토리에 있는 아이템 정리, 다시 회복약 100개 구입, 던전 직행 이런 식으로 플레이패턴이 최적화된 동선을 만들어가면서 습관이 만들어집니다.

습관적으로 게임을 하는 수준까지 올라가면 장시간 플레이해도 별로 피곤하지 않습니다. 플레이에 여유도 생기고, 고수의 냄새가 풍기게 됩니다.

『리그오브레전드』의 아이템 장비도 수십번 반복하면서 자신의 플레이패턴을 만들어갑니다. 아이템 구입하는 순서, 아이템 가격에 맞춰 돈을 모으고, 아이템 놓는 순서까지 정형화됩니다. 몇 분이 지났는데도 아이템을 사지

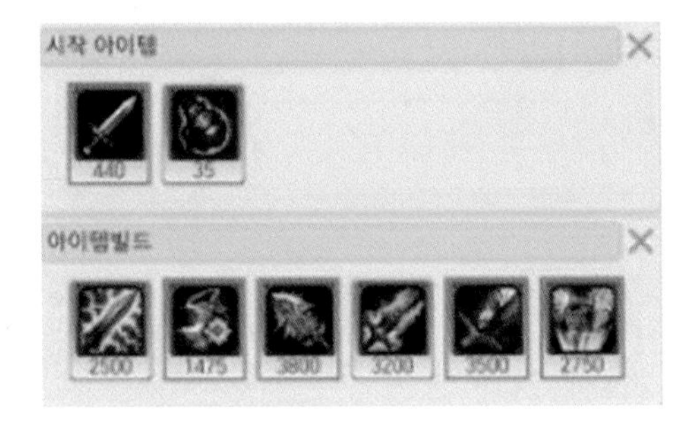

『리그오브레전드』의 아이템 빌드

못하면 이번 판은 플레이가 좀 꼬였다든가 자신의 경험과 비교할 수도 있습니다. 고수로 가는 길은 자신의 플레이를 끊임없이 정형화하는 것입니다.

반복적인 플레이를 하게 되면 적게 에너지를 쓰도록 습관화가 됩니다. 그런데 실력이 향상되기 위해서는 이 습관화를 가장 경계해야 합니다. 더 효율적인 방법을 찾지 못하고 실력이 고정되는 가장 큰 이유가 습관화이기 때문입니다. 고수는 항상 자신의 플레이를 비교하면서 개선점을 찾고, 교정해 가는 과정에서 고수가 됩니다.

8. 잭팟

매치3 퍼즐 게임을 할 때 스테이지가 올라가다 보면 막히는 구간들이 생깁니다. 거의 포기했던 스테이지인 상태에서 마지막 한 턴을 움직입니다. 갑자기 콤보가 빵빵 터지면서 불가능해 보였던 미션이 짠~하고 클리어됩니다.

'직감적으로 클리어 될 것 같았다니까. 하하, 난 역시 대단해.'

퍼즐 게임 할 때면 이렇게 생각지도 못한 결과가 가끔 나옵니다. 의외의 기쁨을 주는 기분 좋은 경험입니다.

MMORPG를 할 때도 무심코 지나가면서 마주친 몬스터를 딱 잡았는데, 엄청난 고가의 아이템이 뚝 떨어지는 잭팟의 즐거움. 대박의 짜릿함은 게임을 오래 할수록 그 기쁨이 더 하고, 기억도 오래갑니다.

옛날 『리니지』를 할 때, 오우거가 있으면 '오우거의 벨트'를 주기 때문에 꼭 잡고 갔습니다. 물론 주워본 적은 없습니다. '오우거의 벨트'라는 고가의 아이템이 주는 기대감이 항상 있었습니다. 설마…혹시? 하는 마음인 셈이죠.

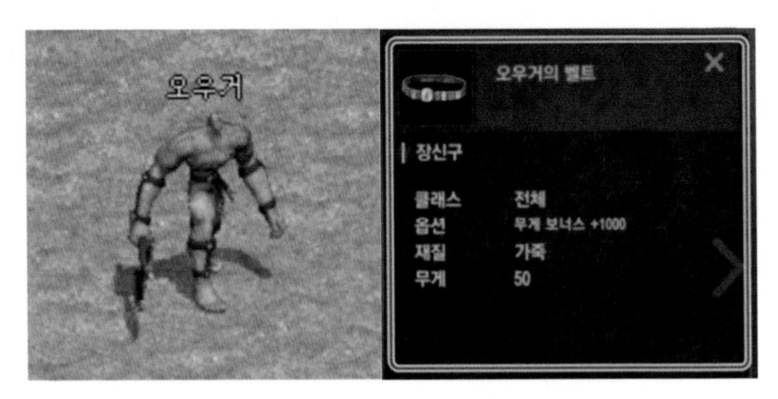

「리니지M」의 오우거의 벨트

무기나 방어구에 강화 지름신이 강림할 때가 있습니다. 모니터를 끄고 경건한 마음으로 주문서를 바르고, 무기를 선택합니다. 성공하면 대박, 실패하면 쪽박입니다. 은색으로 빛난 다음 어떻게 됐을까요. 강화에 성공하면 환호성이 절로 나옵니다. 물론 강렬하게 은빛을 내면서 증발할 때가 더 많지요.

때로 딱 한 번 뽑기를 돌렸는데 나올 확률이 0.5%의 SSR 카드가 짠~하고 나올 때의 짜릿함. 꼭 가지고 싶었던 카드가 딱! 나올 때 환호하는 즐거움. 이런 가끔의 짜릿함이 게임하는 맛 중 하나입니다.

이런 플레이는 평소에 자주 나오지는 않습니다. 가끔 나오는 대박 경험에 짜릿한 기분도 들고, 친구와 두고두고 얘기하게 됩니다. 가끔 나오는 잭팟 경험은 게임의 재미를 풍요롭게 해줍니다.

하지만 불규칙한 잭팟 경험이 사실 중독의 가장 큰 원인이 됩니다.

유명한 행동심리학자인 스키너(B. F. Skinner)는 쥐에게 먹이를 주는 간격을 바꾸는 방식으로 어떨 때 쥐가 가장 오랫동안 반복되는 행동이 유지되는지 살펴보았습니다.

쥐에게 오랫동안 유지되는 행동은 사람에게도 쉽게 고쳐지지 않을 것이라고 보는 겁니다.

첫 번째는 일정 시간이 되면 아무 행동을 하지 않아도 먹이가 나오는 고정간격 방식. 예를 들어 1시간이 지나면 저절로 먹이가 나옵니다.

두 번째는 아무 시간대나 랜덤하게 먹이가 나오는 변동간격 방식. 1시간 후에 나오기도 하고, 3시간 후에 나오기도 합니다. 쥐의 어떠한 행동도 결과에 영향을 주지 않습니다.

세 번째는 먹이 버튼을 3번 누르면 먹이가 나오는 고정비율 방식. 쥐의 특정 행동이 보상이라는 결과에 영향을 줍니다. 규칙적으로 결과가 나옵니다.

네 번째는 먹이 버튼을 누르는데, 어떨 때는 자주 나올 때도 있고, 어떨 때는 한참 눌러야 나올 때도 있는 변동비율 방식. 쥐의 행동이 결과에 영향을 주지만 불규칙적으로 결과가 나옵니다.

이 중 버튼을 가장 많이 누른 패턴은 어떤 방식일까요?

답은 이렇습니다.

변동비율 〉 고정비율 〉 변동간격 〉 고정간격

스키너는 음식이라는 보상을 변동비율방식으로 줄 때 쥐들이 먹이 버튼을 가장 많이 누른다는 사실을 알아냈습니다. 즉 보상을 불규칙하게 줄 때 행동을 그만두기가 가장 어렵다는 사실을 발견하였습니다. 이제 진짜 나올 때가 됐다 하는 심리입니다.

다른 말로 이런 심리를 '도박사의 오류'라고도 합니다. 실제로 발생했던 사건으로 냉철한 도박사마저 '나올 때가 됐다' 하는 마음에 사로잡히는 현상입니다.

도박사의 오류(몬테카를로의 오류)

1913년 8월 18일 모나코 몬테카를로 카지노에서 믿을 수 없는 사건이 일어났다.

카지노의 룰렛 게임에서 구슬은 빨간색 또는 검은색에 떨어진다. 그런데 20번 연속 검은색으로 떨어지는 일이 벌어졌다. 20번 연속으로 검은색만 떨어지자, 다들 빨간색에 떨어질 때가 됐다고 생각했다. 21번째, 22번째 계속 검은색에 떨어졌다. 점점 더 분위기가 고조되며 이번에는 빨간색 하며 빨간색에 베팅했다. 23번째에도 검은색이 연달아 떨어졌다. 이번에는 진짜 빨간색에 떨어질 것으로 생각하여 점점 더 큰 돈을 빨간색에 걸기 시작했다. 24번째, 25번째, 26번째까지 계속 검은색에 떨어졌다. 결국 27번째가 돼서야 빨간색에 떨어졌다. 이번엔 될 것이라는 생각으로 냉철한 도박사들조차도 큰돈을 잃고 말았다. 언제나 50%의 확률이기 때문에 이전 판의 색깔은 아무 관계가 없다. 하지만 20번 연속이라는 희박한 확률은 도박사의 마음까지 흔들었다.

게임에선 확률 시스템을 여러 가지 방식으로 혼합하여 이용합니다.

일정 시간 접속을 유지하면 작은 보상을 주는 것은 고정간격방식으로 접속유지보상입니다.

퀘스트를 깰 때마다 보상을 주는 것은 1:1 고정비율방식입니다.

때로 약한 몬스터에 대박 아이템을 희박한 확률로 넣어주는 것이 변동비율방식입니다.

게임을 설계할 때도 손실회피성향과 고정비율방식을 섞어서 설계할 수 있습니다.

예를 들어, 강화 실패 시 무작정 사라지는 것이 아니라 고정비율로 포인트나 재료아이템을 돌려주면 손실감을 줄여줄 것입니다.

9. 내 세상 만들기

처음 게임을 시작하면 캐릭터 이름을 정합니다. 어떨 때는 캐릭터 이름 정하는 것도 스트레스일 때가 있습니다. 고민 끝에 캐릭터 이름을 정하고 나면 내 캐릭터라는 애착을 갖게 됩니다. (물론, 습관적으로 많은 게임을 할 때는 애착이 안 생길 때도 가끔 있습니다.)

『파이널판타지14』는 팻 뿐만 아니라 리테이너(집사)에도 이름을 정할 수 있고 개인 집을 구매할 수도 있습니다. 더구나 개인 집을 마음에 드는 아이템 등으로 꾸밀 수도 있습니다.

『파이널판타지14』의 개인주택, 출처: 인벤

「꿈의 정원」, 내가 선택한 소품들로 꾸며져 나만의 정원이 된다

『월드오브워크래프트』는 여러 가지 직업들이 있어서 장인이 만든 아이템에는 제작자의 이름도 표시됩니다. 내가 아이템을 만들면 내 이름이 표시되는 것입니다.

이렇게 게임을 오래 할수록 내 캐릭터도 점점 장인이 되어가고, 펫도 생기고, 내 집사도 있고, 내가 만든 아이템들로 나만의 게임 세상이 만들어집니다.

『꿈의 정원』은 정원을 내 마음대로 꾸밀 수 있게 되고, 내 결정이 계속 반영되어 가면서 내 정원과 같은 애착이 생깁니다.

내 개인룸을 다른 사람에게 공개하기도 하고, 다른 사람의 개인룸을 방문하기도 하면서 다른 유저와 친밀감이 더 높아지기도 합니다. 개인룸이라는 공간은 프라이빗한 느낌을 주게 되어 개인의 취향을 마음껏 발휘하며 방을 꾸밀 수 있습니다. 아늑한 기분으로 편하게 친구와 대화할 수 있게 되고, 때로 로맨스로 발전하기도 합니다.

10. 그룹 만들기

'이번 주 토요일, 우리 혈맹 첫 정모가 있는 날이다. 몇 달을 고생하다 처음으로 공성전에서 승리했다. 내성에 모였던 우리 혈맹원들의 늠름한 모습을 잊지 못한다. 이 성을 갖기 위해 얼마나 열심히 장비를 맞췄던가, 이번 주 토요일 첫 정모에서 그동안 고생한 이야기를 나누기로 했다.'

『리니지』에서 길드는 혈맹이라는 이름으로 불립니다. 혈맹이라는 이름에서 알 수 있듯이 피로 맹세한 조직입니다. 같이 공성전을 치르면서 공동의 적과 같이 싸우고 친밀감도 점점 높아집니다. 캐릭터가 곧 나 자신처럼 느껴지고, 다른 사람의 캐릭터도 단순한 캐릭터가 아니라 사람과 같이 느껴집니다. 이렇게 게임플레이를 오랫동안 같이하면 개인적인 친밀감도 높아지면서 사적인 고민 상담도 하곤 합니다. 때론 이성 간에 로맨스로 발전되기도 하지요.

게임을 오래 할수록 길드 같은 사회적 그룹과 개인적 친분 중심의 친구 그룹이 만들어집니다. 게임은 시간이 지날수록 목표 달성하기가 점점 더 어렵습니다. 이런 상황이 나만 어렵게 되는 것이 아니라 모두 비슷하게 어려워집니다. 때론 사냥의 지겨움을 이기려고, 때론 서로 도움이 되기에, 때론 매일 만나는 반가움에 자연스럽게 그룹이 만들어집니다.

게임회사에서도 이벤트를 통해 길드가 활성화되게끔 애를 씁니다. 사람과 사람을 이어주면 서로 게임을 떠나지 못하도록 잡아주는 안전장치 역할을 하기 때문입니다.

보통 인간은 사회적인 동물이라는 말을 많이 합니다. 인간의 사회성은 단순한 수식어에 그치는 것이 아닙니다. 심리실험으로 증명된 실존하는 현상입니다. 인간은 사회에 소속되어 관계를 맺으려 하고, 그 속에서 안정감을 느낍니다. 만약 사회적 교감이 떨어지면 심리적 고통을 넘어 육체적 고통이 발생합니다.

심리학자 아이젠버거(Naomi Eisenberger) 교수는 사이버볼이라는 유명한 실험을 했습니다. 컴퓨터로 공을 서로 주고받는 게임입니다. 처음에는 세 명이 같이 공놀이를 평화롭게 공을 주고받습니다. 그러다 어느 순간부터 두 명의 다른 플레이어가 실험 참가자에게 공을 주지 않고, 둘이서만 공놀이를 하기 시작합니다. 이때 제외된 실험 참가자들의 뇌에는 어떤 반응이 일어났을까요? 확인 결과 놀라운 현상이 관찰되었습니다. 물리적 고통이나 통증을 느끼는 부분이 활성화된 것입니다. 이것은 사회적 거부가 발생해도 실체적, 육체적 고통을 느낀다는 것을 나타냅니다.

아이젠버거 교수는 이렇게 말합니다.

> "인간에게 사회적 연결은 생존에 매우 중요합니다. 사회적 연결이 부족해서 오는 정신적 고통을 실체적 물리적 고통처럼 느낀다는 것은 사회적 연결을 중요하게 생각하도록 하는 적응방법일 것입니다. 진화과정에서 실제 사회적 연결을 유지하기 위해 고통 시스템의 매커니즘에서 가져온 것입니다. "
>
> (Proceedings of the National Academy of Sciences 온라인판 2009년 8월 14일자)

여기에 좀 덧붙이자면, 학교나 직장에서 일어나는 왕따 현상은 단순히 심리적 압박을 넘어 물리적 폭력을 당하는 것과 같습니다. 또한, 실연의 아픔, 외로움과 같은 심리적 통증이 있을 때, 타이레놀과 같은 진통제를 먹으면 통증이 진정된다는 의외의 실험결과도 있습니다.

이렇듯 인간의 사회성은 생존하기 위해 꼭 필요한 조건입니다. 이것이 충족되지 않으면 생존불안을 느끼고, 사회관계가 회복되지 않으면 육체적 고통을 자극합니다. 누구나 마음속은 사회관계가 안정적으로 형성되길 바랄 것입니다. 그런데 현실에서는 어떻습니까? 이런 욕구를 충족하기가 어렵습니다. 모두 항상 바쁘고, 마주치더라도 겉도는 얘기거나 자신을 과시하려는 말들이 많습니다.

오히려 게임이라는 사이버 환경이 사회적 관계를 맺는데 편리하게 작용합니다. 가볍게 스치는 대화 몇 마디지만 잠시나마 사회에 소속되어 있다는 느낌을 받습니다.

가끔 연예인이 게임에 빠졌다는 얘기가 들려오는 것도 게임의 이런 특성 때문입니다. 연예인은 현실에서 편하게 관계 맺기가 어려워 게임 속에서 안전하게 사회적 욕구를 충족하는 것입니다.

11. 이야기하기

남자 친구들끼리 모이면 게임 얘기를 많이 합니다. 거의 게임하다가 아깝게 이기거나 진 이야기들이 많습니다. 또 캐릭터나 클래스의 장단점 비교 이야기. 어떻게 하면 잘할 수 있는지 그런 얘기들을 많이 합니다. 자신의 전적을 자랑할 때도 있고, 놀리는 얘기도 많습니다.

RPG를 같이 하는 친구들끼리는 어디 사냥터가 시간 대비 효율이 좋고, 돈은 어디 가면 더 벌 수 있고, 비교분석을 충실히 합니다. 장비는 어느 순서로 맞추는 것이 더 좋은지 공부를 열심히 합니다.

주제가 게임이어서 그렇지, 비교분석법과 경험치, 골드 시간효율을 계산하는 방법, 경험치와 골드를 적절히 만족시키는 사냥터 분석 등 다각적인 분석을 합니다.

목표는 최대한 짧은 시간 내에 돈이나 경험치를 버는 것과 장비를 빨리 맞추는 순서, 특성이나 스킬 등의 분배방식의 장단점 분석 등입니다. 빠르게 강해지는 것, 이 공동의 목표를 달성하기 위해 여러 방면에서 분석하고 결과를 친구들과 공유합니다. 이 과정에서 발생한 에피소드까지 공유하면서 여러 가지 이야기꽃이 피어납니다.

같은 게임을 하는 친구끼리는 이야깃거리가 많습니다. 반대로 유행하는 게임을 하지 않으면 친구들과 이야깃거리가 없어집니다. 자기만 빼고 친구들끼리 게임 이야기를 하면 서운한 마음이 들 때도 있습니다.

게임을 통해 사이가 좋아지면 자신의 이야기도 하게 됩니다. 고민 상담을 하기도 하고, 진로문제 이야기를 할 수도 있습니다. 때론 누군가의 이야기를 들어주기도 합니다.

이런 이야깃거리도 게임의 큰 재미 중 하나입니다.

12. 로맨스

누군가 이런 일이 있었습니다.

'몇 년 전 언젠가 『월드오브워크래프트』를 하면서 파티 몇 번 같이 했던 친구가 있었어. 처음 가보는 어려운 던전이라 계속 전멸하느라 시간이 오래 걸렸지. 그러면서 서로 위로도 하고, 응원도 하고 그랬거든. 성격도 좋아 보이고, 밝더라구. 얘기하다 보니 나이도 비슷하고, 얘기도 잘 통해서 음, 오랜만에 마음에 드는 친구네, 하고 생각했었는데 알고 보니 여자였던 거야.

그래서 한 일주일 동안 매일 같이 던전 돌고 사냥하고 그랬지. 그러다가 좀 더 친해 보고 싶은 생각이 들어서 말을 꺼냈지. 한번 만나 보자구.
처음엔 싫다고 하더라구. 그러다가 몇 달 동안 같이 게임 하면서 더 친해지다가 실제로 만났다. 와, 정말….'

로맨스는 사람이 모이는 곳이라면 어디서라도 발생 되는 이벤트입니다. 그 공간이 현실이든 가상공간이든 남녀가 같이 있고 서로 얘기할 수 있는 공간이면 됩니다. 게임도 마찬가지입니다. 게임 속에서 얘기하고, 친해지고, 알고 싶고, 마음에 들면 더 궁금해지고, 더 가까워지고 싶어집니다. 오히려 현실에서 하기 어려운 말을 과감히 할 수도 있습니다. 어쩌면 게임은 현실보다 더 좋은 로맨스 공간일 수도 있습니다.

아마 많은 커플이 게임을 통해서 만나고 헤어지고 했을 겁니다. 이것도 게임의 큰 재미 중 하나입니다.

13. 경쟁

경쟁적인 성향은 여자보다 남자가 훨씬 더 강합니다. 게임에서도 마찬가지입니다. 경쟁적인 게임일수록 남성의 비율이 높습니다. 이는 남성의 테스토스테론 영향입니다.

진화심리학 관점으로 보면 남자와 여자의 주된 관심사가 다릅니다.

진화심리학에서는 왜 남자들이 더 경쟁적인지에 대해 잘 설명하고 있습니다.

남성은 며칠 사이에 정자가 수억 개씩 생겨납니다. 난자와 비교하면 공급가격이 엄청나게 저렴합니다. 그리고 일부다처제 시스템에서 남성은 임신에 성공했다면 별다른 기회비용 없이 또 다른 임신이 가능합니다. 그래서 남성은 항상 임신이 가능한 건강하고 젊은 여성을 중요하게 생각합니다.

여성은 평생에 걸쳐 400~500개의 난자밖에 생산하지 못합니다. 게다가 한 번 임신이 되면 평균적으로 2~3년은 추가 임신이 어렵습니다. 임신이라는 사건은 여성이 부담해야 할 비용이 대단히 큽니다. 물론 출산도 생명에 위협을 주는 모험입니다. 최대한 건강하게 출산하고, 태어난 아기의 경쟁력을 위해 육체적으로 강한 남성과 결혼하고자 하는 것이 진화적 선택성향입니다. 그리고 힘들게 출산하더라도 양육에 많은 자원이 들어갑니다.

이런 진화적인 압박으로 인해 여성은 배우자를 신중하게 선택합니다. 그래서 경쟁하기보다는 생존에 도움이 되도록 인간관계를 중시하고 안정적인 양육환경을 선호하게 됩니다.

반면, 남성은 능력만 되면 아주 많은 자손을 남길 수 있습니다. 능력이 있어야 여성에게 선택받을 수 있습니다. 능력이 있다는 것은 다른 남자들과의 경쟁에서 승리하는 것입니다.

경쟁에서 승리한 남성은 여성을 임신시켜 번식에 성공한 이후에도 금방 또 임신을 성공시킬 수 있습니다. 불과 몇백 년 전 왕조사회만 하더라도 일부다처제였으니 말입니다.

동물 사회는 대체로 일부다처제인 경우가 많습니다. 수컷이 우두머리가 되면 여러 암컷을 거느릴 수 있습니다. 상대적으로 능력이 없는 수컷은 한 명의 암컷도 얻을 수 없게 되게 됩니다.

암컷의 경우는 수컷들이 경쟁적으로 다가오기 때문에 어떤 기준으로 선택을 할까 결정만 하면 됩니다. 여기서 수컷들은 암컷의 성 선택을 받기 위해 때로 불필요한 공작꼬리나 숫사슴의 거대한 뿔 경쟁이 펼쳐지곤 합니다. 생존에 전혀 도움이 안되는데도 말입니다.

수컷은 생존에 불리한 거대한 뿔을 달고 다니거나 아니면 자손을 남기지 않거나 둘 중 하나를 선택해야 합니다. 당연히 답은 '거대한 뿔을 달고 다니자.'입니다. (『처음 읽는 진화심리학』, 앨런 S. 밀러, 가나자와 사토시, 2008)

단순히 생물학적으로도 남성에게는 테스토스테론이라는 호르몬이 무려 여성의 10배가 나옵니다. 이 호르몬은 수컷을 수컷답게 만들어주는 호르몬으로 불립니다. 이 호르몬은 사춘기가 되면 남자아이의 2차 성징(변성기, 체모 및 수염 증가, 성적 성숙, 성욕 증진, 근육 발달, 경쟁심과 순간적 판단력)을 발달하면서 소년에서 남자로 다시 태어나게 합니다.

(남자를 남자답게, 테스토스테론의 유혹, 『KISTI의 과학향기』 제2365호)

테스토스테론의 효과 자체가 경쟁하는 심리와 경쟁에서 이기도록 근육 발달과 성욕을 강하게 만드는 성질이 있습니다. 이렇듯 남성의 삶에서 경쟁은 피할 수 없는 숙명과 같습니다. 생명의 진화과정은 전투적이고 경쟁적이었습니다. 현재의 문명환경은 안정적이고 평화롭다고 하더라도 경쟁적인 테스토스테론 호르몬의 특성까지 바꾸기는 아직 역사가 짧습니다.

이런 이유로 남자들은 경쟁을 피하지 않고 경쟁에서 이기려고 합니다. 여자들이 보기에 쓸데없는, 때론 별것도 아닌 것처럼 보이더라도 말입니다. 싸움에서 이기려는 속성은 곧 생존과 번식에 관련된 깊은 본성입니다. 현실에서는 전투를 할 수 없지만, 게임환경에서는 실컷 전투를 경험할 수 있어, 경쟁적인 본성을 게임속에서 마음껏 실현하는 것일 수도 있습니다.

게임에 많이 빠지는 남자의 청소년 시기는 테스토스테론 분비가 급증합니다. 이 때문에 청소년들은 경쟁과 서열에 민감해지기 시작합니다. 프랑수아 를로르(François Lelord)와 크리스토프 앙드레(Christophe Andre)가 지은『내 감정 사용법』을 보면 청소년들 사이에서 느끼는 사회적 지위에 대한 관심을 잘 기술하고 있습니다.

'청소년들은 언어 공격에 매우 민감하고 예민해 보였다. 혹은 그런 척했다. 자신의 자리를 차지하고 또래 집단에서 자신의 서열을 지키기 위해서는 모든 악담에 민첩하고도 격렬하게 대처할 줄 아는 게 중요하다. 적어도 힘의 관계가 허용되는 한에서는 말이다. 화를 낼 줄 알아야 하며, 흥분할 줄 알아야 하고, 발끈할 줄도 알아야 하며, 턱을 세게 그리고 높이 끌어올리며 공격자에게 좋게 그리고 차근차근히 말할 줄 알아야 하고, 문장도 고쳐줄 줄 알아야 한다. 경우에 따라선 '다시 말해봐! 다시! 뭐? 뭐라고?'라는 식으로 매우 잘 알아들었음에도 반복할 줄도 알아야 한다. 상대를 공개적으로 위협할 줄도 알아야 하고, 필요하다면 때릴 줄도 알아야 한다.'

진화심리학에서 등장하는 엘리너 맥코비(Eleanor Maccoby)의 연구를 봐도 남자아이들의 성향이 비슷하다는 것을 알 수 있습니다.

'남자아이들은 마구 뒤엉켜 싸우는 놀이를 한다. 그 놀이 속에는 육체적으로 누가 더 뛰어난지 확인하는 것이다. 남자아이들은 언어와 행동에서 자신의 영향력을 발휘하려고 한다. 자신의 고집을 관철하거나 육체적 제압으로 굴복시키는 등의 이기적인 형태로 지배력을 확인하려고 한다.'

청소년 시기 남자들은 놀이를 통해서 자신의 능력을 확인하고 싶어 합니다. 놀이의 형태를 취하고 있지만, 또래 속에서 자신의 경쟁력을 확인하고 인정받는 놀이입니다. 이 놀이과정에는 스포츠, 게임, 공부 등을 통해서 협력, 경쟁, 우정, 견제, 따돌림 등 무리 속에서 사회성을 배우게 됩니다. 이런 경쟁적인 속성 때문에 게임에 더 쉽게 빠지게 됩니다.

게임은 이런 경쟁적인 속성을 이용해서 랭킹을 만들고, 상위 그룹으로 올라가려는 마음을 자극합니다.

『리그오브레전드』의 최상위 그룹인 챌린저 티어(등급)는 최고의 목표입니다. 이를 위해 지금도 여러분과 같은 많은 친구가 열심히 플레이하고 있습니다.

티어가 높아지면 신분이 상승하는 욕구가 충족됩니다. 사실 티어라는 것은 일종의 승리보상이라기보다는 신분이나 계급에 더 어울리는 개념입니다.

예를 들어 항상 플래티넘 티어에서 플레이하는 친구가 있었습니다. 어느 날 친구에게 아이디를 잠깐 빌려줬더니 순식간에 실버로 떨어졌습니다. 보는 사람마다 묻습니다. '형, 티어 왜 그래요?' 이런 소리를 듣다 보면 적어도 골드 티어까지는 올려놓고 싶어집니다. 그리고 티어가 떨어지는 것은 손실회피성향을 자극해 싫은 기분이 듭니다. 그러다 보니 어떻게든 계급을 유지하기 위해 게임을 계속하게 됩니다.

게임에서 승리를 계속하다 보면 자기를 찾는 사람이 많아집니다. 같은 편에 서서 플레이하면 이길 수 있으니까요. 이런 게임 속 인기는 게임 속 사회의 지위 상승과 같습니다. 한 판 한 판마다 일어나는 경쟁심과 승리의 기쁨, 그 결과 지위 상승과 주변의 부러움, 이렇게 이어지는 흐름은 강력한 욕구충족 사슬입니다. 특히 게임 속에서 누리는 인기는 현실에서 경험하기 어려운 만큼 꽤 근사한 경험입니다. 또 인기가 떨어지면 인간의 손실회피성향이 자극되면서 씁쓸한 마음이 듭니다. 이런 불쾌함을 느끼지 않고 계속 인기를 유지하고 싶어 계속 플레이하게 됩니다.

14. 흥분

『배틀그라운드』에서 전장으로 진입하는 낙하산이 펴지면 기대감과 긴장감이 점점 올라갑니다. 물론 하루에 수십 번씩 자주 낙하산을 펴면 긴장감이 처음처럼 올라가진 않겠지요. 적과 갑자기 조우할 때도 긴장감이 올라갑니다.

『배틀그라운드』나 『서든어택』 같은 밀리터리 FPS게임은 적과의 대치상태에서 긴장감이 고조됩니다. 상대 또는 나 둘 중 하나는 죽어야 하는데, 이는 단 3초면 결정됩니다. 이렇게 찰나에 승부가 결정되기 때문에 긴장의 끈을 놓을 수가 없습니다. 게다가 점점 활동 가능한 범위가 좁아지는 후반부 전투에서는 승리가 눈앞에 아른거리며 정말 죽기 싫은 마음과 가까이 어딘가에 적이 있다는 긴장감이 맞물려 심장이 쫄깃해집니다.

이렇게 '사람 대 사람'의 대결은 긴장이 고조되면서 흥분하게 됩니다. 물론 상대방도 지기 싫은 마음은 같기에 전투는 늘 치열하게 전개됩니다. 그러다가 누군가 마지막 일격을 날리면서 하나의 전투가 끝납니다. 이겼다면 짜릿한 승리감을, 졌다면 쓰라린 패배감을 맛보면서 의기양양함 또는 짜증을 느낍니다. 한 판과 한 판 사이에서 잠시나마 마음이 풀어집니다. 그리고 다시 새로운 전투를 시작합니다.

게임은 일종의 가상 전투입니다. 이 과정에서 발생하는 흥분 시스템은 '투쟁-도피 반응'과 동일합니다. 한 번쯤은 들어봤을 만큼 오래되고 유명한 반응입니다.

사람은 상대가 나보다 약하면 투쟁을, 나보다 강하면 도피를 준비합니다. 이런 결정은 몸에서 생리학적 반응으로 나타납니다. 스트레스 지각은 자율

신경계의 교감신경을 활성화 시키고, 이는 신체의 공격, 방어 혹은 도피에 필요한 에너지를 동원합니다. 월터 캐넌(Walter Cannon)은 이러한 반응을 '투쟁-도피 반응(fight or flight response)'이라 명명했습니다.

특히 예상치 못한 상황에서 빠르게 판단하고 행동해야 할 때, 생리적인 각성이 발생합니다.

갑자기 적을 만나거나 포식자를 만났다고 가정해보면 내 몸은 어떻게 대비해야 할까요?

일단, 공격을 위한 경로 혹은 도주로를 확보하기 위해 시야를 넓게 가지고(동공확대), 몸 전체에 혈액을 더 많이 공급할 수 있도록 심장은 빠르게 뛰게 하고, 호흡은 산소를 원활히 공급하기 위해 가빠집니다. 또 간이 가지고 있는 포도당을 혈액을 통해 근육에 공급합니다. 위장의 소화 기능은 당장 중요한 게 아니니 활동을 줄입니다. 땀구멍은 확장되어 원활하게 체온을 배출할 수 있도록 준비해둡니다. 손은 미끄러져 실수하지 않도록 촉촉하게 적셔둡니다(식은땀). 근육은 긴장시켜 순간적으로 빠르게 움직일 수 있는 기반을 만들어둡니다. 이게 보통 스트레스를 받아 아드레날린이 분비될 때 나타나는 신체적 반응입니다.

몸에 에너지를 모아놓고, 한 방에 터뜨릴 준비를 해둔 상태와 같습니다.

무서운 공포게임을 하다가 갑자기 눈앞에 귀신이 나타나거나, 어두운 골목에서 시꺼먼 살인마가 불쑥 나타난다거나 할 때 식은땀 흐르는 상황과 정확하게 일치합니다.

오랫동안 생명체는 이런 목숨을 건 상황들을 수억 년간 이어왔습니다.

만약 게임 속에서 이와 비슷한 상황이 벌어지면 뇌의 흥분 상태도 어느 정도 비슷하게 반응을 합니다. 전두엽은 게임이라는 것을 인식하고 있으므로 실제로 도망치거나 모니터를 부수지는 않습니다.

이런 과정에서 많은 신경전달물질이 분비되고, 여러 가지 감정의 홍수를 경험합니다.

게임을 쉽게 끊을 수 없는 이유 중 하나도 이런 신경전달물질이 실제로 뇌에 강한 자극을 주기 때문입니다. 갑자기 이런 자극이 사라지면 일상이 너무나 심심하게 느껴집니다. 그래서 비슷한 자극을 찾아 다른 게임으로 옮기면서 게임을 계속하게 됩니다.

게임이 주는 강한 자극을 대신할 수 있는 것은 많지 않습니다. 게임만큼 강렬한 경험을 주는 것은 영화가 있습니다만, 체험 시간이 짧고 일회성에 지나지 않습니다. 또는 놀이공원의 짜릿한 놀이시설 정도가 강렬한 자극의 대체물이 될 것입니다. 게임은 잠깐 컴퓨터만 켜면 경험할 수 있는 장점이 있습니다. 다른 대체물은 비용도 비싸고 번거롭습니다. 가성비 측면에서 게임만큼 경제적인 장르도 없을 겁니다.

15. 기술 연마

'『배틀그라운드』의 샷감이 조금씩 좋아지고 있다. 운전연습도 틈틈이 해놔야겠다. 무빙과 샷 적중률을 올릴 수 있도록 더 연습해야겠다.'

상위 클래스로 갈수록 게임의 기술난이도가 점점 더 정교해집니다. 상위 리그는 잘하는 사람끼리의 전투이기 때문에 움직임과 정확도, 스킬 사용 순발력과 적당한 타이밍 연습뿐만 아니라 상대를 속이고 나는 속지 않는 심리전까지 이해해야 합니다.

기술 연마는 승리를 가져다주는 열쇠입니다. 정상으로 갈수록 많은 시간과 연습이 필요합니다. 하나의 기술을 숙달하는데 몇 시간씩, 때론 며칠씩 연습해야 합니다. 상위 클래스 구간에서 재미란 기술 숙련도를 확인하는 것이고, 그 기술을 활용해서 전투에서 승리했을 때 성취감을 얻습니다.

고수의 전투는 일상생활과 같습니다. 레벨에 따라 어떻게 움직이는지 대부분 예측할 수 있습니다. 얼마나 어려운 난이도의 기술을 구사하는지 예측하고, 서로 기회를 노려봅니다. 남아있는 스킬과 플레이어의 성향을 생각해서 플레이를 감각적으로 그려냅니다. 여기에 때로 함정을 파둡니다. 상위 클래스의 전투는 기본 스킬은 모두 숙달이 됐고, 순간적인 타이밍을 노리는 예리한 설계 싸움입니다. 이런 재미 또한 상당히 매력 있습니다.

특히 거의 질 것 같은 상황을 읽고 역으로 교묘히 끌어들여 역전승했다면 승리의 쾌감은 두 배로 짜릿합니다. 이런 승리는 큰 성취감을 줍니다.

이런 힘든 과정을 통해 고수가 됐는데도 게임을 오래 하면 정신적인 문제가 있다는 식으로 얘기하곤 합니다. 하지만 이렇게 훈련을 통해서 성장하는 사람은 오히려 자기효능감이 높은 사람입니다.

자기효능감은 목표에 도달할 수 있는 자신의 능력에 대한 스스로의 평가를 가리킵니다. 반두라의 이론에 따르면 자기효능감이 높은 사람들은 어려운 과제들을 피해야 할 것이 아니라 숙달해야 할 것으로 생각하는 경향이 있다고 합니다. (자기효능감(self-efficacy), 『심리학 용어사전』, 한국심리학회, 2014. 4.)

이기기 위해 여러 가지 어려운 기술을 연마하고, 심리전에도 능히 이긴 상위 클래스는 자기효능감이 높은 편이라고 할 수 있습니다.

16. 정의구현

요즘 젊은 친구들의 말로 정의구현은 복수라는 말과 비슷한 느낌으로 사용합니다. 하지만 내가 당한 것이 얼마 없더라도 상대방을 응징하는 데 성공했을 때 역시 쓰이기도 합니다.

『리그오브레전드』를 할 때 디나이 당해서 파밍도 못하고 고통받은 경험은 다들 있을 겁니다. 어느 순간 정글러의 도움으로 디나이가 풀리거나 상대방의 실수를 잘 포착해서 역전에 성공하면 기분이 후련해집니다.

디나이(deny)란, 『리그오브레전드』에서 흔히 쓰이는 용어로, 적 챔피언이 경험치와 돈을 가져갈 수 없도록 견제를 하는 행위를 말한다.

상대편의 얍삽한 플레이를 복수하거나 심지어 같은 편이어도 얍삽한 플레이가 적에 의해 응징당하더라도 오히려 쌤통으로 느낄 때도 있습니다. 복수하거나 정의구현 할 때면 기분이 평소보다 더 좋습니다.

반대로 게임 속에서조차 실력이 부족한 탓에 상대방에게서 압박감이나 열등감을 느낄 때도 있습니다. 이런 느낌이 더 강해져 수치심이나 모멸감까지 이어질 때도 있습니다. 이런 불쾌감을 벗어나기 위해 후련한 기분이 들 때까지 게임을 계속하기도 합니다. 이럴 때는 불쾌함을 씻어내려는 듯이 꽤 잔인하게 플레이합니다. 복수는 달콤합니다.

이런 마음은 퍼즐게임에서도 나타납니다. 내내 깨지 못한 판은 미해결과제처럼 마음속에 남아 계속 생각날 때가 있습니다. 하지만 상당히 깨기 어려운 판을 만나 실패를 계속하다가 어렵사리 그 판을 깼을 때는 홀가분한 느낌과 게임에 대해 후련한 느낌을 받습니다.

'흥, 못깰 줄 알았지? 내 앞길을 아무리 막아도 나는 다 깰 수 있어, 까불

지 마라!'

17. 인정받기

게임에서 올라간 실력은 자기 스스로 생각하기에도 기분이 좋지만, 주위에서 인정해줄 때 더 뿌듯한 기분이 듭니다.

'힘들게 달성한 대장군 칭호를 받았다. 대장군 칭호도 기분 좋고, 보상으로 받은 미소녀 스킨이 정말 마음에 든다. 미소녀 스킨으로 플레이하니까 다들 이쁘다고 난리다.'

사람들에게서 인정받는 것은 사회적으로 드문 사람이라는 것으로 뿌듯한 기분이 듭니다.

주변 사람으로부터 인기와 부러운 시선을 받으면 기분 좋은 우월함을 느낍니다. 인정받기란 대단히 어렵습니다. 인정이라는 것은 한두 번 잘해서 얻어지는 것이 아닙니다. 월등하고 안정적인 실력을 가진 사람이 인정을 받습니다. 비록 게임이라는 한정된 사회공간이지만, 주변보다 뛰어난 실력으로 우월성을 인정받는다는 것은 근사한 경험입니다.

18. 캐릭터 빙의

캐릭터에 빙의하는 것은 우리가 게임을 하면서 가장 많이 경험하는 재미입니다. RPG게임에서 우리는 각각의 역할을 수행하면서 대리경험을 합니다.

탱커: 파티의 튼튼한 방패인 탱커가 되어 적의 모든 공격을 다 받아내고, 어그로를 뺏기지 않기 위해 온갖 스킬을 다 씁니다. 일반적으로 탱커가

가장 앞서가니까 길을 잃어버리지 않도록 외우기도 하고, 때로는 징표를 찍어 공격순서를 정하기도 합니다. 특히 로밍몹(일정 구간을 어슬렁거리는 몬스터)이 갑자기 튀어나오는 바람에 전멸할 때는 팀원들에게 미안해하기도 합니다. 마지막까지 어그로를 뺏기지 않고, 탱킹을 잘해서 던전을 무사히 클리어할 때는 탱커로써 뿌듯한 마음이 듭니다. 팀의 안전을 책임지는 역할에 만족감을 느낍니다.

마법사: 화려한 이펙트와 높은 공격력을 가진 마법사는 체력과 방어력은 약하지만, 대미지 딜링을 담당하는 전투 클래스입니다. 특히 크리티컬 대미지가 빵빵 터질 때 기분이 좋습니다. 이따금 탱커가 어그로를 뺏겨 당황해하는 모습을 보면 조금 미안할 때도 있지만, 흐뭇한 기분도 듭니다. 전투가 모두 끝나고 총 대미지 수치가 평소보다 높게 나오면 만족감이 듭니다.

힐러: 탱커가 아무리 맞아도 죽지 않는 이유는 바로 훌륭한 힐러가 있기 때문입니다. 눈에 띄는 플레이가 없는 것처럼 보여도 캐스팅 속도와 회복 체력, 마나 관리를 고민해가면서 힐링하는 것이 꽤 까다롭습니다. 주로 탱커에게 힐링을 하니 도적과 같은 근접 대미지 클래스에게 힐링을 해주기가 어렵습니다. 그러다 보니 도적은 슬퍼도 알아서 붕대를 감습니다.

MMORPG의 경우 이렇게 각각 뚜렷한 역할이 있어서 여러 명이 규칙에 맞게 플레이를 진행하다 보면 상당한 성취감을 줍니다. 특히 힘겹게 어려운 던전을 클리어했을 때의 성취감, 클리어보상으로 희귀 아이템이라도 받으면 얼른 착용하고 나서 더 멋있어진 캐릭터를 빙글빙글 돌려봅니다. 어느새 입가에 잔잔한 미소가 생기며 흐뭇한 기분을 느낍니다.

한 팀의 영웅: 자신의 뛰어난 플레이로 팀을 승리로 이끄는 영웅이 되다.

‘『리그오브레전드』를 하는데, 우리편이 거의 지는 각이었어. 피오라 탑으로 나름 잘 컸는데, 팀은 형편없이 밀리고 있는거야. 어떻게 하겠어. 서렌을 할까 하다가, 형이 나서줬지. 혼자 열심히 스플릿 푸쉬해서 타워 깨고, 억제기 깨고, 순간이동 타면서 넥서스까지 혼자 다 깼다니까. 완전 일당백 아니냐? 브론즈에선 원래 그런다구? 참나, 브론즈 아닌데? 지난주에 실버 된 거 몰라?’

‘『배틀그라운드』에서 영웅 된 이야기를 들려주지, 이제 시작한지 한 달도 안 된 배그 초보와 듀오였어. 그날따라 자기장 상황도 너무 잘 풀리고, 템도 잘 뜨고, 샷도 너무 잘 맞는데, 12킬로 치킨 한번 먹었잖아. 그 사람이 얼마나 칭찬을 하는지 기분 째지드라.’

‘예전에 『서든어택』 할 때 영웅 된 이야기도 있어. 제3보급창고라는 스테이지가 있어, 거기서 폭파 임무를 하는데, 나 혼자 남은 거야. 어떻게 하겠어. 그냥 돌격이지. 그런데, 쐈다 하면 헤드샷, 5번 연속 헤드샷이라고 들어봤지? 그게 바로 나야. 사실 뭐 거의 실력이긴 하지만, 운도 아주 조금은 있었지.’

게임을 하다 보면 이렇게 우연 가득한 순간이 오게 됩니다. 이렇게 예상치 못한 승리는 짜릿한 기쁨을 느끼게 합니다. 예측할 수 없는 재미가 가득한 곳이 바로 게임의 세계입니다.

지금까지 얘기한 18가지 재미요인을 정리해보겠습니다.

처음 설치를 할 때부터 영상과 그래픽, 전체적인 분위기에서 호기심과 미학적 즐거움이 있습니다. 캐릭터가 멋지거나 섹시하거나 귀여운 이미지로 유저의 마음을 자극합니다. 전체적인 분위기와 세계관이 하나의 가상세계를 경험하게 해줍니다.

플레이가 시작되면 빠르게 패턴과 규칙을 파악하고, 임무를 수행하면서 보상을 받고 돈과 아이템을 수집하며 점점 강해집니다. 게임이 반복될수록 내 플레이에 질서가 만들어지고 가끔 의외의 잭팟이 터지면서 환호도 하게 됩니다. 점점 게임 속 세상을 내가 만들어가고 있습니다.

시간이 지날수록 같이 플레이하는 친구들도 생기면서 그룹을 만들었습니다. 서로의 노하우도 이야기하고, 때로는 멋진 로맨스가 생길 때도 있습니다.

게임은 상위 클래스로 갈수록 경쟁이 치열해집니다. 때로 패배하기도 하고, 때로 승리하면서 흥분이 반복되고, 복수하기 위해 기술을 연마합니다. 열심히 분석하고, 연습도 하다 보니 주위에서 내 실력을 인정해주기 시작합니다. 같이 게임 하자는 연락이 많이 옵니다. 이렇게 캐릭터를 통해 대리만족하는 과정이 바로 게임의 재미입니다.

이것은 미국의 심리학자인 매슬로(Abraham Maslow)의 욕구 계층 모델로도 설명할 수 있습니다.

생리 안전의 욕구	소속 존경의 욕구	자아실현의 욕구
패턴 찾기	양육하기	미학적 즐거움
수집하기	그룹만들기	가상세계 체험
경쟁	이야기하기	임무완수
흥분	로맨스	내 세상 만들기
잭팟	인정받기	질서 만들기
복수, 정의구현	기술연마	캐릭터빙의

현실에서는 자신의 욕구를 충족시키기가 쉽지 않습니다. 시간적, 공간적, 사회적 제약이 많습니다. 하지만 게임 속에서는 어렵지 않게 자신의 욕구를 충족시킬 수가 있습니다.

게임을 플레이한다는 것은 이렇듯 인간이 가진 기본적인 욕구를 충족하는 것과 같습니다.

게임은 어떻게 만들길래 이렇게 재밌을까요?

2부에서는 게임의 아이디어부터 게임의 출시까지 어떻게 만들어지는지 살펴보겠습니다.

2

게임의 일생

2부는 게임의 아이디어에서 출발해서 기획, 제작되는 과정과 론칭, 서비스에 대해 알아볼 것입니다. 게임회사에서 하는 일은 당연히 게임으로 돈을 버는 일입니다. 게임이 만들어지는 과정은 철저히 상업적인 기준으로 결정됩니다. 시장조사가 이뤄지고, 게임의 장단점을 분석하고, 프로젝트 계획에 의해 제작됩니다. 게임시장에 론칭되는 과정도 비슷합니다.

그리고, 매출이 각각 분배되는 방식 등을 설명하고, 매출 목표를 달성하지 못하면 결국 게임이 종료됩니다. 이렇게 게임이 시작되고 종료됩니다.

여기서 설명하는 모든 것이 게임산업 현장에서 일어나는 실제 과정으로 다소 지루할 수도 있습니다.

무엇보다 게임시장과 제품 분석이 밑바탕이 되어 시장 경쟁력을 만들어 가는 과정으로 봐주시기 바랍니다. 또한, '회사원들은 이렇게 일하는구나.'의 관점으로 가볍게 봐주시길 바라며, 지루한 부분이 있으면 과감히 넘어가셔도 좋습니다.

게임으로 돈을 벌기 위해서는 먼저 재밌게 만드는 것이 첫 번째 목표입니다.

다음은 최대한 많은 이용자를 끌어들이기 위해 두 번째 목표를 세웁니다.

마지막으로, 다른 게임으로 이탈하지 않고, 계속 우리 게임을 이용할 수 있도록 노력합니다.

게임사업을 비유하자면 이렇습니다.

게임시장이라는 바다를 두고 어느 지점에 황금 물고기가 많은지 분석하고, 검토합니다. 그물에 색깔도 칠하고, 미끼도 매달아 도망가지 않도록 조심해서 힘껏 그물을 던집니다. 이 그물은 크면 클수록 비용이 많이 듭니다.

어디에 얼마만큼 큰 그물을 던져야 비용대비 최대한 많은 황금 물고기를 가둘 수 있을지 결정합니다. 일단 광고를 보고 그물에 걸리면 게임을 설치한 황금 물고기가 됩니다. 그물을 던지는 역할은 사업팀이 맡습니다.

황금 물고기에게서 황금을 거둬들이는 역할은 게임의 완성도가 결정합니다. 누가 재미없는 게임에 아까운 현금을 쓰고 싶을까요. 내가 기대하는 이상의 재미를 보여주면 지갑을 살짝 열어 돈을 투자할 겁니다. 게임의 완성도가 높고, 난이도 밸런스가 정교할수록 황금을 더 잘 얻어낼 수 있습니다. 이건 개발팀의 역량입니다.

황금 물고기들은 요구하는 게 많습니다. 워낙 게임들이 많이 있으니까 언제든지 다른 게임으로 떠날 수 있습니다. 조금이라도 실망하면 떠나버릴 것처럼 아우성입니다. 이들이 떠나지 않고 계속 머물러 있도록 이벤트도 열어주고, 옆에서 얘기도 들어주고, 원하는 대로 해주겠다고 (때론 거짓말이 되더라도) 약속하는 사람들이 있습니다. 이들이 운영팀입니다.

이렇게 게임회사는 크게 3가지 분야로 나눌 수 있습니다.

1. 게임을 하고 싶도록 잘 포장해주는 사업팀
2. 게임을 제작하는 개발팀
3. 게임에서 이탈하지 않도록 노력하는 운영팀

전체적인 그림을 그렸다면, 각 현장의 모습을 살펴보겠습니다.

처음 게임 개발은 어떻게 시작될까요?

그것은 누군가 게임을 만들고 싶다는 개발 제안서를 가지고 오면서부터 시작됩니다.

게임을 하다 보면 '도대체 이런 주옥같은 게임은 누가 왜 만드는 거야?' 하는 게임들도 있습니다. 그것도 처음엔 분명 멋진 개발 제안서로 시작한 것이 틀림없습니다.

어떤 게임을 만들려고 하는지는 그 개발 제안서를 보면 알 수 있습니다.

개발 제안서는 머릿속에 있는 게임의 특징을 알기 쉽게 잘 설명하고 있어야 합니다. 또한, 시장 경쟁력을 강조해 '만들면 멋진 게임이니 개발해보는 것은 어떻습니까?' 하는 목적으로 쓰는 것입니다.

그럼 목차를 보면서 게임의 모습을 생각해보는 것이 좋을 것 같습니다.

개발 제안서는 먼저 머릿속에서 제작을 완료하고 재밌다고 생각되면, 그

것을 문서로 꺼내는 작업입니다. 다양한 상상력을 발휘해보시기 바랍니다.

1. 개발 제안

가칭 Project A1이라는 게임의 개발 제안서를 만들어봅시다.

1. 게임 개요

1) 타이틀 : Project A1 (가제) - 게임 이름을 적습니다.

2) 장르 : (Action) RPG, mobile iOS, AOS

3) 특징 (게임을 가장 잘 나타낼 수 있는 특징을 적습니다)

- Project A1은 자동 시스템을 지원하는 액션 RPG입니다.
- 파스텔톤의 몽환적인 분위기의 이세계 판타지 감성 RPG입니다.
- 이세계는 여성 캐릭터로 이루어진 육감적인 세계입니다.
- 길드 공성전 중심으로 GvG와 커뮤니티 형성을 유도합니다.

* 실제 제안서에는 더 참신한 차별성을 갖추어 써야 합니다.

모두 예시로 적은 내용이니 목차 중심으로 가볍게 읽어주시면 좋을 것 같습니다.

2. 게임 소개

1) 게임 시놉시스

마왕의 침입으로 마을에 위기가 찾아왔다. 수많은 형제와 가족을 잃은 끝에 매년 5명의 공녀를 바치기로 약속했다. 마을 처녀들이 점점 사라져가고,

5년째 되는 해 마을에서 가장 아름다운 유리아의 차례가 되었다. 우리의 영웅 테세오는 마왕을 처치하겠다고 유리아를 포함한 공녀 무리와 함께 마을을 떠났다. 테세오는 이세계의 문을 넘어 마왕의 세계로 들어갔다. 이세계는 마왕이 다스리는 세계답게 파스텔 톤의 색채로 가득한 아름다운 세계였다.

마왕의 세계에 진입하자마자 유리아보다 더 아름다운 마왕의 딸이자 공주인 메이데이를 만나게 된다. 메이데이는 아버지 마왕으로부터 도망치는 중이었다. 메이데이의 도움으로 마왕을 물리치는데 성공하고 스스로 이세계의 왕이 된다. - 튜토리얼 끝.

모든 것은 메이데이의 음모였고, 메이데이의 반격을 받아 마왕의 자리에서 쫓겨나 영웅의 힘을 잃고 유랑하게 된다. 메이데이는 여장한 남자였고, 그가 새로운 마왕이 된다. 함께 있던 공녀들은 모두 마왕에게 갇히는 신세가 됐다. 테세오는 마왕을 물리치기 위해 모험을 떠난다. - 에피소드 시작.

* 아시겠지만, 미노타우로스와 테세우스 이야기를 조금 각색했습니다.
메데이아라는 악녀 캐릭터가 생각나 메이데이로 수정하고, 일부 스토리에 변화를 주었습니다.

2) 캐릭터 시스템

캐릭터의 직업은 3가지로 기사, 마법사, 힐러 클래스가 있습니다.
30레벨이 되고, 전직 퀘스트를 완료하면 1차 전직을 할 수 있습니다.
전직 퀘스트에서 전직 무기를 제작합니다.
아이템의 희귀도는 6단계의 등급으로 나뉩니다.

3) 용병 시스템

캐릭터는 3명의 용병을 획득할 수 있습니다.

용병은 캐릭터와 클래스가 같고, 장비를 채울 수 있습니다.

4) GvG 시스템

길드 대항전의 보상이 가장 큽니다.

길드에 가입되어 있을 때 길드 레벨이 오르면 전 길드원에게 보상을 지급합니다.

길드 랭킹을 정해서 보상을 줍니다.

길드 대항전은 2개의 메인 콘텐츠를 2주간 진행합니다.

길드 성에 방어용 타워를 건설하고, 길드 공성전 형태로 진행합니다.

5) 순환 콘텐츠

던전 〉 무한 던전 〉 아이템 세팅 〉 용병 세팅 〉 길드 공성전 〉 던전 파밍

개인 룸과 길드 성을 제공하고, 길드 성을 부수는 길드 공성전이 메인시스템입니다.

* 각 콘텐츠는 한눈에 알아볼 수 있는 형태로 작성하는 것이 좋습니다.

6) 콘텐츠 맵 (또는 플로우차트 등)

* 구상하고 있는 콘텐츠 맵을 그려보는 것도 좋습니다.

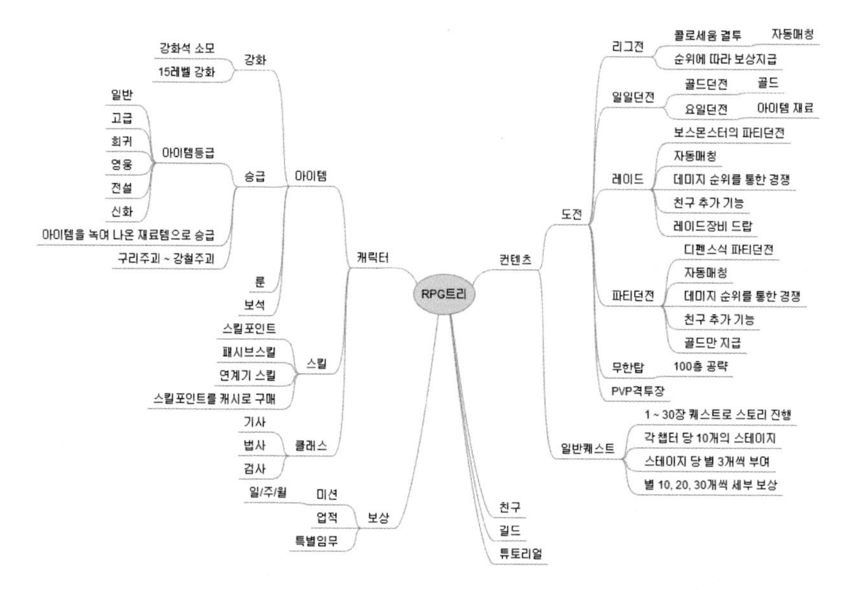

콘텐츠 맵 예시

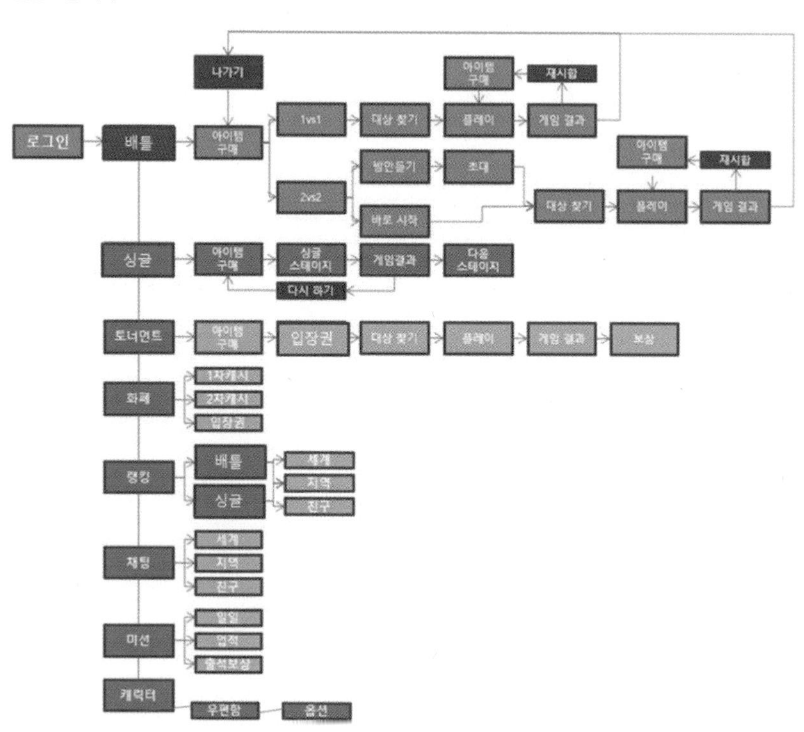

Flow Chart 예시

7) 인터페이스

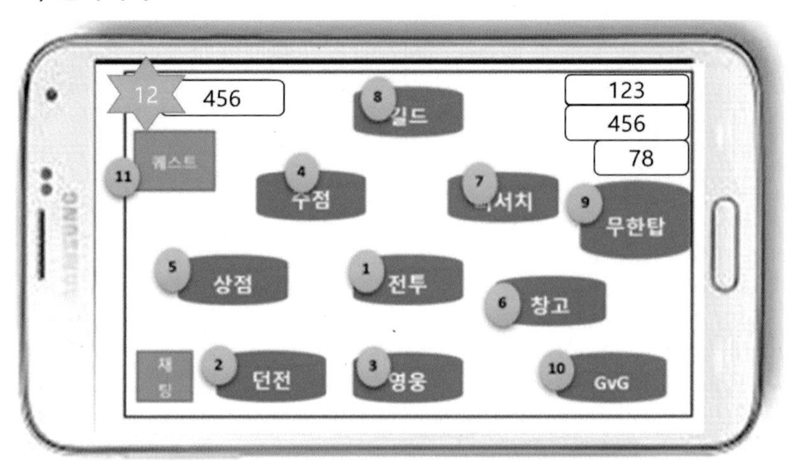

로비 –메인화면 인터페이스 예시

「로스트킹덤」의 도전 화면 예시

* 화면 구성을 보여주면 어떤 게임인지 느낌이 옵니다.

* 각 UI마다 화면 구성을 보여줘도 좋고, 핵심이 되는 UI를 보여줘도 좋습니다.

3. SWOT 분석

1) 시장분석

RPG 장르답게 플레이타임도 높은 편이고, ARPPU(평균 결제금액)도 높은 편에 위치하였습니다.

장르별 ARPPU / 플레이타임 포지셔닝 맵

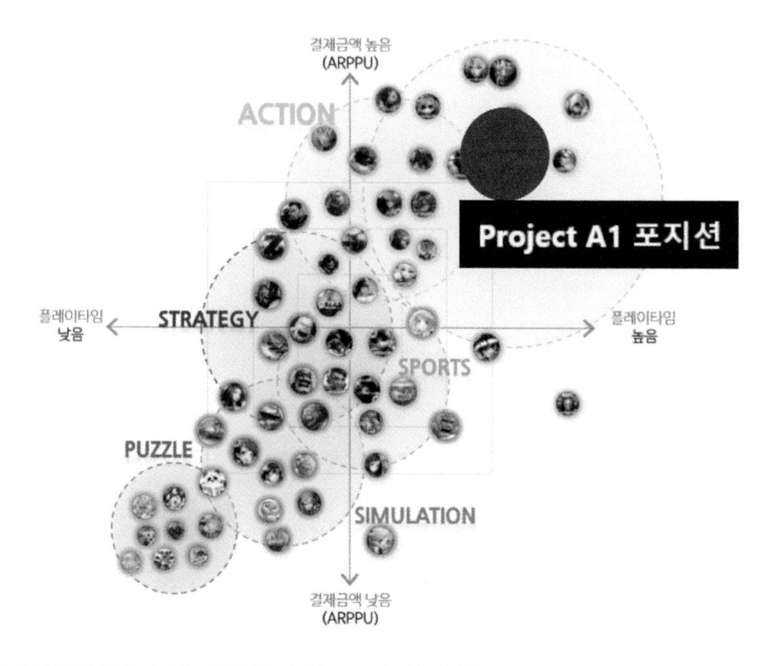

2016년 모바일시장 분포, 출처: 구글플레이 자료를 IGAWorks에서 재가공

* 이 시장 분포도는 시장분석에 항상 등장하는 지표로 나중에 다시 등장합니다.

2) SWOT 분석

SWOT 분석은 자신과 환경을 객관적으로 볼 수 있는 효과적인 도구입니다.

* 제품의 강점과 약점을 나열합니다.

* 시장의 성격과 방향을 예측하여 기회가 될 요소와 위협이 될 요소를 나열합니다.

SWOT 분석도 시장평가와 더불어 자주 나오는 지표로 론칭 과정에서 자세히 다루도록 하겠습니다. 콘텐츠는 무엇보다 참신하게 차별성이 두드러지는 것이 좋습니다.

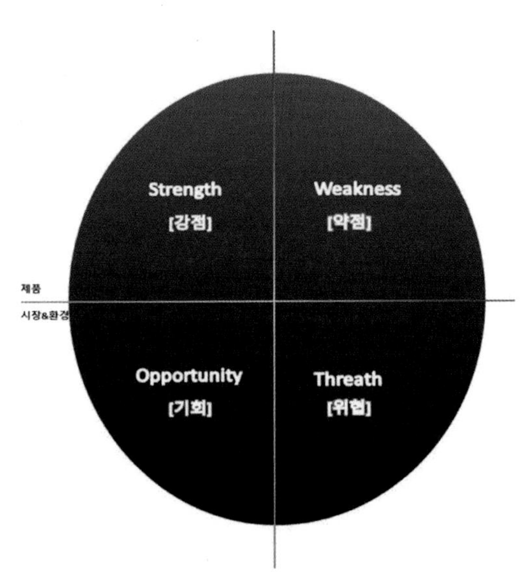

SWOT 분석도구 예시

4. 비즈니스 모델

게임소개에 나왔던 내용 중 가장 현금성이 높은 순서로 나열합니다.

1) 용병 가챠(뽑기)

가챠 시스템은 일명 뽑기를 제시합니다.

뽑기의 가치는 희소성과 밸런스입니다. 물론 비주얼의 완성도는 기본입니다.

2) 길드 레벨 및 길드 공성전

길드 공성전에 쓰일 아이템 상성을 이용해서 현금화를 유도합니다.

3) 개인 룸 꾸미기

꾸미기 아이템은 대체로 현금성이 높습니다.

꾸미기 아이템은 대체로 제작 시스템을 활용하되, 희귀 아이템은 재료를 판매합니다.

4) 순환 사이클

콘텐츠는 금방 소모되기 때문에 순환 사이클을 매끄럽게 만드는 게 중요합니다.

여기서 게임의 수명이 결정됩니다.

5. 개발 일정

* 개발버전은 보통 프로토타입~알파버전~베타버전~상용화버전으로 나뉩니다.

* 상용화 시점을 명시하고 업데이트 일정까지 적어주면 더 좋습니다.

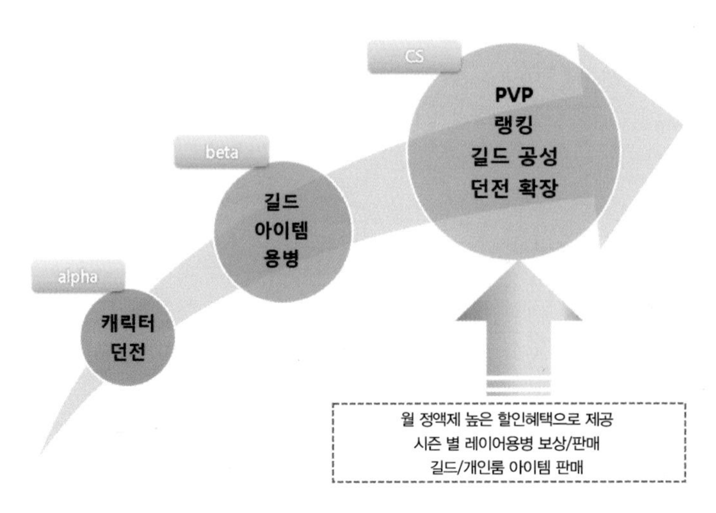

Project A1 개발일정 예시

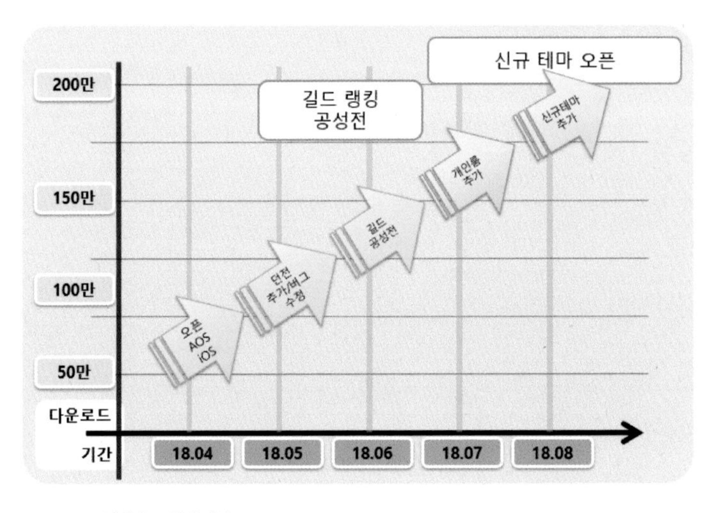

Project A1 업데이트 일정 예시

각 마일스톤(이정표가 되는 버전)별 달성 목표를 적어두었습니다.

마일스톤은 원래 로마 시대의 행군단위 1,000더블페이스(double-pace)에서 유래했다고 합니다. 1더블페이스는 5ft이며, 1mile=1.6Km로 약 5280ft=1056 더블페이스가 됩니다. 모든 길은 로마로 통한다는 격언답게 '1마일'마다 '스톤'으로 이정표를 세워두었습니다.

이렇게 마무리하면 개발 제안서가 완성됩니다.
멋진 개발 제안서가 작성되어 이제 개발에 들어가게 되었습니다.

2. 게임 개발

게임 장르마다 추구하는 재미요소가 조금씩 다릅니다.
여기서는 RPG 장르가 모바일시장에서는 가장 큰 만큼 RPG 중심으로 설명해보겠습니다.

아래 보시는 바와 같이 롤플레잉(RPG)장르가 독보적인 매출 1위입니다.
개발 제안서를 RPG 장르로 결정했던 이유에 감탄하셔도 좋습니다.

RPG장르는 위험과 대박이 공존하는 모바일 장르입니다. 워낙 많은 RPG가 쏟아져나오기 때문입니다. 혹시 트레일러에서 대박이 터지면 단번에 이

"장르별 매출은 1강 4중 4약의 구도"

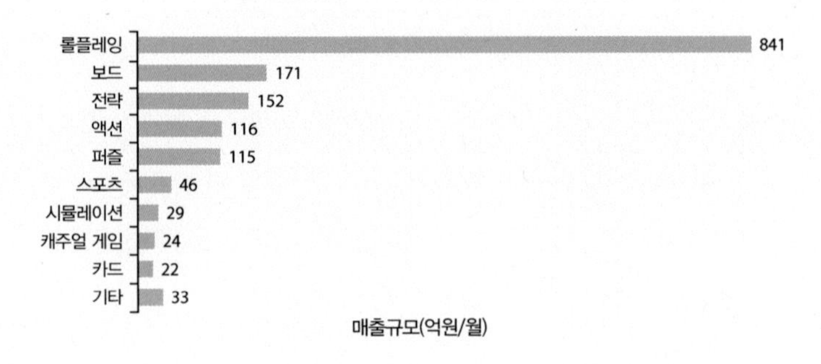

출처: 구글플레이 기준, IGAWorks에서 재가공한 자료

익구간으로 갈 수 있습니다. 물론 확률은 높지 않습니다. 반대로 마케팅 비용만 억 단위로 쓰고, 별다른 임팩트도 없이 유저들에게 잊히는 경우도 있습니다. 우리가 기억하지 못하는 많은 게임이 그렇습니다.

트레일러는 트럭 뒤에 매달린 짐이나 집을 의미합니다. 옛날에는 영화가 끝난 후 인상적인 영화 장면을 모아 영상으로 보여줬다고 합니다. 영화 뒤에 오는 영상이라는 의미로 트레일러 영상이란 용어가 사용됐습니다. 하지만 요즘은 영화 개봉 전에 흥미를 유도하는 광고형태로 보여주고 있습니다. 그래도 용어는 여전히 트레일러 영상을 쓰고 있습니다.
게임산업에서도 론칭 전 홍보전략으로 인트로 영상이나 인게임 영상을 사용해서 홍보영상을 제작하고 있고, 이것을 트레일러 영상이라고도 부릅니다. (한국만화영상진흥원, 『만화애니메이션사전』, 김일태 외, 2008)

1. 제작 과정으로 보는 게임개발

1) 개발 기획서

기획서는 게임 설계도에 해당하므로 정확히 의미를 전달하는 데 목적이 있습니다.

프로그래머는 이 기획서를 보고 어떻게 프로그래밍할지 결정합니다.

보통 기획서는 워드로 많이 만드는 편입니다.

엑셀의 시트를 이용해 만드는 스튜디오도 있습니다. 때로 PPT 문서로 만들기도 합니다.

Project A1 기획서

1. 개요
   (1) 타이틀 (2) 장르 (3) 특징
2. 게임의 구성
3. 인터페이스
   (1) 주요 인터페이스 화면 (2) 각 화면별 인터페이스 설명
4. 게임 시스템
   (1) 던전 (2) PvP (3) GvG (4) 강화 등
5. 시나리오
   (1) 프롤로그 (2) 전체 줄거리 (3) 에필로그 (4) 전체 맵 구성
6. 캐릭터관련 설정
   (1) 주인공 (2) NPC (3) 몬스터 (4) 아이템

위의 기획서는 기본 항목을 보여주고 있습니다. 실제 기획서에는 던전 입장, 보스 몬스터 등장, 보스 몬스터 죽음, 아이템 드롭, 던전에서 나올 때의

처리 등 모든 장면을 담고 있습니다.

보스 등장, 죽음 등은 그래픽 팀의 의견을 참고할 수 있고, 던전 입장 퇴장, 아이템 드롭 등은 프로그래머의 의견을 참고할 수 있습니다.

2) 빌드 완성하기

작성된 기획서를 중심으로 시스템이 개발됩니다.

주요 시스템이 개발되고, 거기에 멋진 그래픽이 입혀지면 하나의 빌드가 완성됩니다.

기획서가 한 번에 완벽하게 기술되기 어렵고, 그래픽이 한 번에 마음에 들기도 어렵습니다. 중간에 계속 바뀌는 경우도 많으므로 긴밀한 협의를 통해 의미 있는 빌드로 완성해 나갑니다.

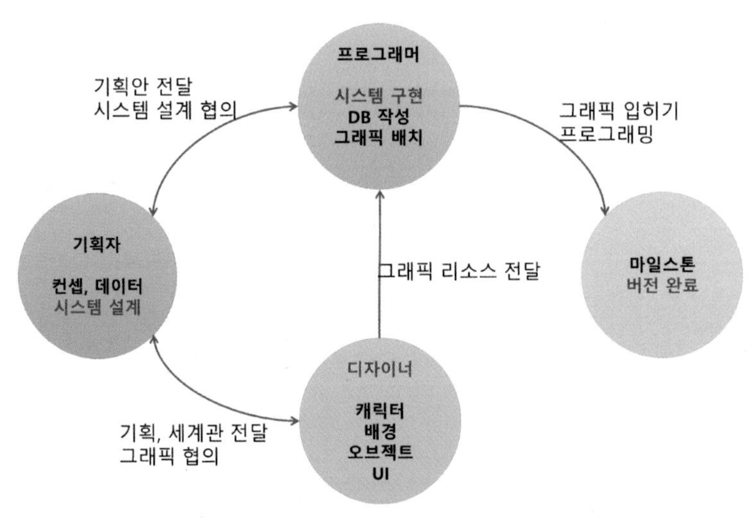

빌드 완성 과정

3) 개발 스케줄

개발 스케줄을 들여다보면 전체 기획서가 수십 개에 달하고, 그래픽 리소스는 수만 개에 달하는 경우도 많습니다. 중요한 사항을 결정하지 못해 기획서를 완료하지 못하고, 그로 인해 전체 스케줄에 영향을 끼치기도 합니다. 기획서가 완료되지 않으면 프로그래밍이 될 수 없습니다. 중요한 선택의 갈림길에서는 다들 신중해지기 마련입니다. 아이템 강화 방식이나 용병 합성 방식 같은 경우 매출과도 관련이 있어 쉽게 결정할 사항은 아닙니다. 물론 기획자는 생각을 다 해둔 상태겠지만 다른 의견이나 반론이 들어오면 관련 자료를 보강해야 하는 경우도 많아서 일정이 늦어지기 쉽습니다.

프로젝트 매니저는 세부 일정과 결정이 늦어지는 사항 등을 고려하여 전체 일정이 틀어지지 않도록 항시 주시합니다.

개발 스케줄에 맞게 하나의 마일스톤이 완성되면 관련 부서로부터 다양한 피드백을 받습니다. 초기부터 퍼블리셔와 계약이 되었다면 퍼블리셔와 다음 빌드를 제작하는 데 참고합니다.

각 주요 빌드마다 피드백을 받아 부족한 부분을 개선해나가며 최종 출시 버전이 완성됩니다.

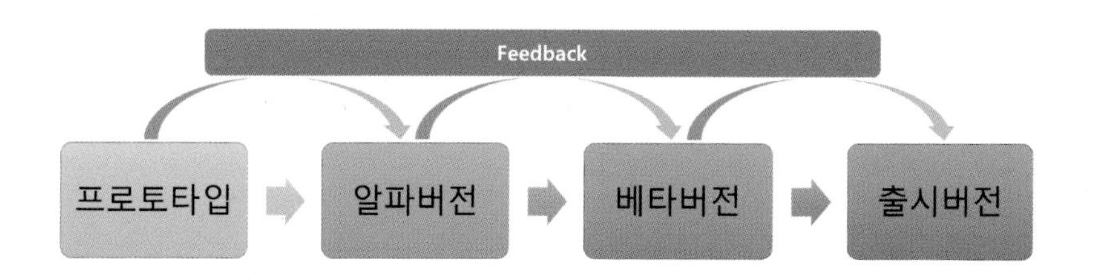

게임출시까지 만들어지는 주요 빌드

기획팀은 게임 초반부터 유저가 플레이하는 동선에 맞게 밸런스를 설정합니다.

유저 동선을 따라가며 적절한 난이도 설계로 어떻게 더 몰입하게 만드는지 살펴보겠습니다.

2. 유저 동선으로 보는 난이도 설계

유저는 게임을 그냥 선택하지 않습니다. '매 순간 해볼 만한 게임인가? 재밌나? 시간만 버리는 건 아니겠지?'하고 기존에 했던 게임과 비교하며 더 나은 선택을 하려고 고민합니다.

유저가 플레이할 시간은 적고, 게임은 많습니다. 하지만 마음에 드는 게임은 적습니다. 그래서 빠르게 플레이해보고 결정해 버립니다.

이 결정은 최초 1분, 10분, 30분, 60분 시간대별로 이뤄집니다.

10분 이내에 새로운 이벤트를 주고, 30분 이내에 다른 새로운 이벤트를 줍니다. 60분에 플레이패턴을 보여줍니다. '앞으로 내 목표는 이렇게 하면 되겠구나.'하는 플레이 설계를 느끼게 해주는 것을 목표로 합니다.

대부분 비슷하게 만듭니다. 중요한 것은 디테일과 임팩트를 주겠다는 목표를 가지고 사소해 보이는 것까지 신경을 더 쓰는 것입니다.

게임 설치까지 한 유저는 상당히 비싼 돈을 써가며 모셔온 고객입니다. 이 점을 명심해야 합니다.

유저 동선의 시작은 튜토리얼입니다. 튜토리얼에서부터 세계관을 보여주고, 주인공 캐릭터의 운명을 설명해줍니다. 곧이어 조작법을 알려주며 전투를 치르게 합니다. 튜토리얼을 따라가다 보면 게임의 기본 조작을 배울 수 있습니다. 혹시라도 조작법을 몰라 게임에서 이탈해버리면 곤란합니다.

튜토리얼이 끝나면 진짜 게임 월드로 들어갑니다. 무엇보다 게임의 핵심은 재미를 만들어내는 기술입니다.

개발 제안서에서 설명했던 콘텐츠 맵을 다시 보며 유저 동선을 설계하고, 동선별로 핵심 재미를 어떻게 녹여낼지 단계별 목표를 설정합니다.

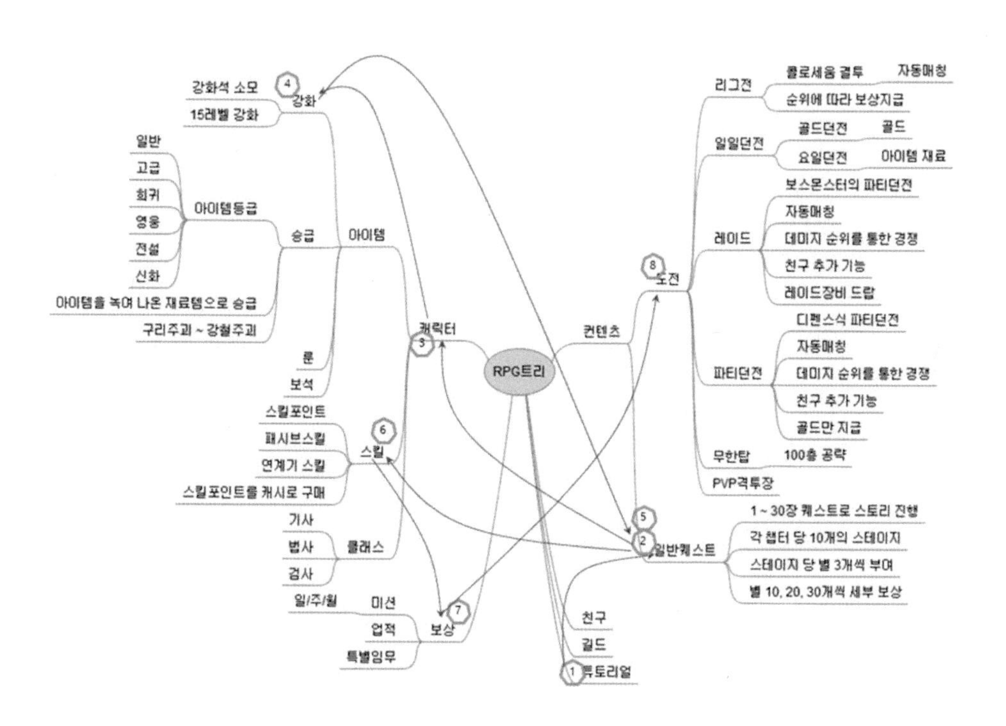

콘텐츠 맵에 동선을 추가한 순서도

1단계

인트로의 연출과 튜토리얼의 연출과 배치에서 매력적인 첫인상을 줍니다.

전체적인 그래픽의 색감과 디자인, 인트로에서 보여줄 수 있는 연출과 스토리의 재미, 캐릭터에 의외의 선정성을 가미하는 경우도 있습니다. 매력적인 여성을 보았을 때 시선이 붙들려버린 그래프를 기억하실 겁니다. 첫인상은 가장 중요합니다.

목표: 특색있는 시네마틱 인트로와 매력적인 캐릭터 구성으로 첫인상을 사로잡습니다.

2단계

첫 일반 퀘스트(전투)를 체험합니다.

전투의 화려한 이펙트와 묵직하고 호쾌한 타격감을 보여줍니다. 스토리가 좀 더 깊어지면서 다음 이야기에 대한 궁금함을 일으킬수록 좋습니다.

매력적인 동료 NPC가 납치됐거나, 같이 쫓기는 대상이 매력적인 캐릭터로 설정되는 등 이후 스토리에 궁금증을 유도합니다. 첫 전투에서 세계관을 더 보여주거나 화려한 타격감과 부드러운 움직임 등으로 물리엔진을 자랑합니다.

목표: 미학적 즐거움을 더해주면서 스토리에 궁금증을 불러일으킵니다.

3단계

첫 전투가 끝나면 받은 아이템과 골드를 확인합니다.

기본 조작을 습득하면서 다음 스토리에 대한 개연성을 만들어줍니다.

플레이가 계속될수록 조작을 자연스럽게 익혀 몰입을 강화할 수 있습니다.

목표: 가장 작은 사이클(주기) 하나가 지나가는 중입니다. 모든 사이클의 마무리에는 다음 사이클로 이어가도록 미해결과제(스토리 개연성과 미션)를 넣습니다.

예를 들어, 상대는 약한 몬스터인데, 나는 더 약해서 도망치는 연출로 혼내주고 싶은 마음이 들도록 합니다. 단기 리벤지 목표를 제시합니다.

4단계

아이템을 착용, 강화합니다.

아이템을 착용하는 법을 알려주고, 착용해서 바뀐 모습과 더 강해진 전투력을 보여줍니다.

목표: 임무를 완수하면 보상과 함께 실제 전투력 상승이 있습니다. 이전보다 강해진 만큼 전 단계에서 까불었던 몬스터를 혼내줍니다.

단기 리벤지 목표를 해소함으로써 유저의 욕구와 해소 과정을 충족합니다.

5단계

까불던 몬스터를 혼내주면 통쾌합니다.

일반 퀘스트(전투)를 치르고, 캐릭터가 레벨업하며 스킬포인트를 얻습니다.

목표: 복수의 개연성을 주며 다음 콘텐츠로 이어가도록 합니다.

예를 들어, 잘못된 스킬을 설명해주어 다시 쫓기는 몸이 됩니다. 스킬도 설명하고 스토리 개연성도 높입니다. 쫓아오는 몬스터를 혼내줄 목표도 생깁니다.

6단계

스킬포인트로 새로운 스킬을 습득합니다. 신규 스킬은 멋있고, 강력합니다.

> 목표: 새로운 스킬을 배워 더 강력해진 캐릭터를 보여줍니다. 쫓아오는 몬스터를 혼내줍니다.

7단계

미션과 업적으로 추가 보상을 받습니다.

레벨을 올리거나 아이템을 강화하고, 몬스터를 많이 잡으면 그에 상응하는 추가 보상을 받습니다. 여기서 얻은 골드와 보석, 아이템 등으로 더 강력한 캐릭터를 만들 수 있습니다.

미션은 일일미션, 주간미션, 월간미션 등으로 매일 접속을 유도합니다.

> 목표: 지속적인 접속 목표와 플레이 보상을 보여주어 지속적인 플레이 목표를 만들어줍니다.

8단계

신규 던전이 오픈되며 새로운 아이템 재료를 얻을 수 있습니다.

> 목표: 새로운 할 거리와 플레이 사이클을 발전시킵니다. 1차 플레이 사이클 완성단계.
> 이후 길드나 PVP 콘텐츠에 자연스럽게 진입할 수 있도록 동선을 설계합니다.

플레이 사이클이 반복되면서 장기적으로 다음 그래프를 유도합니다.

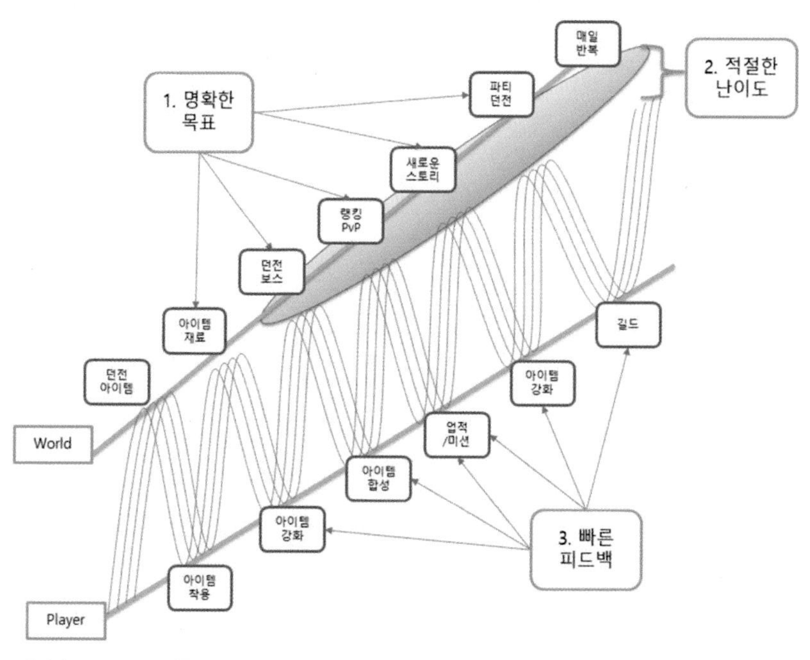

몰입의 3요소를 모두 갖춘 게임 동선 설계

여기에는 미하이 칙센트미하이(Mihaly Csikszentmihalyi)의 '몰입의 3요소'가 그대로 녹아있습니다.

1. 명확한 목표: 레벨, 스킬, 아이템, 레벨 등 수치화된 목표를 제시합니다.
2. 적절한 난이도: 유저는 마냥 쉽지만은 않게, 적당히 까다로운 난이도로 설계합니다.
3. 즉각적인 피드백: 조건이 달성되면 즉각 보상을 받습니다. 곧이어 다음 목표를 향해 달립니다.

게임 후반부를 지탱하는 힘은 길드와 PvP에서 나옵니다.

최대한 공정한 노력이 반영되도록 PvP와 길드 대항전을 설계합니다. 정당하면서도 꽤 두둑한 보상을 받도록 해서 만족도와 충성도를 높입니다.

후반부 전략은 유저 커뮤니티와 PvP 랭킹, 길드전을 만들면 좋습니다.

분기별 또는 일정에 맞게 새로운 스토리, 새로운 던전, 랭킹전 등의 새로운 즐길 거리도 제공합니다. 장기간 살아남는 방법은 디테일과 밸런스에서 나옵니다.

디테일의 사례

『프린세스 메이커』를 만든 회사인 가이낙스를 기억하시지요.

가이낙스는 사업초기에 빚에 쫓겨 [전뇌학원]이라는 성인용 게임을 만들게 됩니다. [전뇌학원] 을 하다보면 '가족에게 이 게임하다 들키면 HOME키를 눌러라' 라는 메시지가 나오는데, HOME키를 눌러보면 화면이 건전하게 바뀌면서, "엄마, 나는 야한게임 따윈 안해요!" 라는 메시지가 나옵니다. 대가다운 유머와 디테일에 웃음이 납니다.

『월드오브워크래프트』에서는 '파멜라 인형찾기'라는 퀘스트가 디테일의 힘을 보여줍니다. 동부역병지대라는 지역에서 역병으로 죽은 어린 영혼이 부탁을 합니다. 잃어버린 곰인형을 찾아달라는... 마을에 역병이 돌아 흩어져버린 파멜라의 가족과 안타까운 어린 영혼의 순수한 부탁이 만나면서 인상적인 퀘스트를 만들어냈습니다.

퀘스트를 읽는 사람은 비록 소수이지만, 이 소수에게까지 만족감을 주는 힘이 디테일입니다. 기획자들과 얘기해보면 처음에는 모두 디테일을 머릿속에 생각해둡니다. 하지만, 대부분 빌드스케줄이라는 시간 압박 속에서 사그라들고 맙니다.

디테일이 꾸준히 쌓일 때 명작이 되고, 거기에 만족한 소수가 모이면서 성공이 찾아옵니다.

물론 게임을 아무리 재밌게 만들어도 사람들이 이런 게임이 나왔는지조차 모르면 소용이 없습니다. 어지간한 임팩트 없이 광고하면 요즘처럼 매일 게임이 나오는 시대에 광고비만 쓰고, 성과 없이 사라져버리는 게임이 되기 쉽습니다. 더구나 마케팅 비용은 상당히 비쌉니다.

주어진 예산으로 최대한 유저를 모으는 방법을 고민해야 합니다.

이제 공은 사업팀으로 넘어갑니다.

론칭 과정

이제 게임은 거의 다 만들었습니다. 빌드스케줄에 맞춰 마무리 작업만을 남겨두고 있습니다. 어떻게 시장에 강한 임팩트를 주어 유저를 모을 수 있을까? 고민이 시작됩니다.

론칭 작업은 단기간에 비용이 아주 많이 들어가는 고비용 작업입니다.

주요 포털사이트의 사용자가 몰리는 시간대에 올리는 광고는 고작 30분에 수천만 원이 들어갑니다. 30분 안에 임팩트를 주지 못하면 수천만 원은 그대로 사라집니다.

이런 고비용 때문에 다 만들어진 게임인데도 광고하지 않고 출시를 포기하는 게임까지 있습니다. 마케팅 비용을 투입해도 그 이상의 이익을 낼 수 없다는 판단이 내려진 겁니다.

매몰된 개발비용은 포기하고 차라리 광고비를 절약하자는 의미입니다.

그런데 이런 결정을 내리는 기준은 무엇일까요?

이제 재미를 추구하는 판타지 세계에서 냉정한 자본주의 현장으로 들어갈 시간입니다.

1. 제품평가

출시를 결정하기 전에 만들어진 제품을 다시 평가합니다.

평가항목			평점
접근성	튜토리얼 기능성	튜토리얼(초보존)이 있는가?	
		튜토리얼을 통해서 쉽게 접근할 수 있는가?	
		튜토리얼에서 계속 하고 싶은 욕구가 발생하는가?	
		튜토리얼에서 NPC와 사냥을 쉽게 이해시켜주는가?	
	진입시 거부감	인터페이스는 편리한가?	
		타격감이 느껴지는가?	
		조작감이 있는가?	
		초보존에서 일반존으로의 이동이 자연스러운가?	
지속성	확장성	현재 컨텐츠의 지속성은 어느 정도로 예상되는가?	
		추가적으로 컨텐츠가 붙는다면 어느 정도가 될 것 같은가?	
	커뮤니티기능성	길드의 필요성은 존재하는가?	
		파티의 필요성은 어느 정도인가?	
	경쟁요소	공성이나 집단 전투 시스템이 있는가?	
		캐릭터 간의 PvP가 가능한가?	
목적성	퀘스트	퀘스트의 동선은 적절한가?	
		퀘스트를 통해 게임을 더욱 잘 이해할 수 있는가?	
		퀘스트의 수는 적절한가?	
	목표제시	전직이나 라이센스 등으로 1차 목표점을 제시하는가?	
		유저가 생각하는 목표점이 존재하겠는가?	
		캐릭터 성장의 목적성이 명확하게 제시되었는가?	
		아이템 수집욕구를 자극하는가?	
		레벨업 욕구를 자극하는가?	
그래픽	캐릭터 이미지	캐릭터 모양에 거부감은 없는가?	
		캐릭터의 다양성을 제공하는가?	
		타격 및 스킬 이펙트는 풍부한가?	
	환경 이미지	맵을 돌아다니는데 거부감은 없는가?	
		로그인부터 월드 진입시까지 인터페이스가 편리한가?	
시스템	오브젝트	오브젝트와 이미지의 일치감이 있는가?	
	몬스터	몬스터의 다양성과 인공지능은 어떠한가?	
	사운드	게임배경 및 플레이 시 사운드는 어울리는가?	
	안정성	클라이언트 및 서버 안정성이 갖추어져 있는가?	
시장성	몰입도	게임 몰입도가 있는가?	
	중독성	중독적인 요소가 있는가?	
	시장성	게임 시장에서 성공예감은 어느 정도인가?	

게임 평가표의 평가항목은 시장경쟁력을 확인할 수 있는 지표입니다.

접근성: 미학적 즐거움을 충족하는지와 얼마나 유저 친화적인지를 평가합니다. 유저 입장에서 플레이를 해보면 개발사가 어느 정도 유저를 배려해서 게임을 만들었는지 알 수 있습니다. 불필요한 동선은 사소한 것이라도 유저에게 짜증을 주며 완성도를 의심하게 합니다. 에너지 낭비를 극도로 싫어하는 뇌의 성향입니다.

지속성: 콘텐츠가 얼마나 준비되었는지를 살펴봅니다. 유저의 플레이 정도는 언제나 개발사의 생각을 뛰어넘습니다. 아무리 준비를 많이 해도 콘텐츠는 금방 소비되고, 다음 콘텐츠를 요구합니다.
다음 콘텐츠는 얼마나 빨리 준비될 것인가, 또한 길드 지원요소와 PvP요소가 잘 만들어져있으면 지속성에 큰 힘을 얻습니다.

목적성: 전체적인 콘텐츠 구성에 플레이 패턴화가 잘 되어 있는지를 살펴봅니다.
예를 들어, '던전 → 아이템 → 던전 → 스킬 → 던전 → 아이템 → 던전 → 강화'와 같이 던전을 중심으로 동선이 꾸며집니다. 이때 콘텐츠 간 연결이 얼마나 매끄러운지에서 완성도를 느낄 수 있습니다. 또 중요구간에 큰 목표를 제시하고, 적절한 난이도로 성취욕을 불러일으키는지를 살펴봅니다. 예를 들어 1차 전직, 용병의 획득, 아이템의 각성 또는 합성, 다음 에피소드로 진입 등의 굵직한 미션 성공은 플레이에 큰 목적성을 줍니다.

그래픽과 시스템: 게임은 전체적으로 시각에 많이 의존합니다. 시각적으로 만족감을 줄 수 없으면 게임의 성공은 정말 쉽지 않습니다. 게다가 요즘은 그래픽에 대한 기대치도 높아진 터라 시각적 완성도에 더 큰 점수를 줘야 합니다.
시스템도 마찬가지입니다. 플레이 안정성과 빠른 응답 속도에서 미묘한 답답함이 느껴진다면 한두 번은 접속하더라도 곧 삭제하게 됩니다.

시장성: 이런 종합적인 기준으로 판단할 때, 현재 시장에 출시된 게임과 비교해서 어느 정도 경쟁력이 있는지를 판단합니다. 종합평가라 볼 수 있습니다. 일부 점수가 낮은 부분이 있어도 참신한 차별성이 있으면 가산점을 받습니다. 유저의 호기심을 일으키고 만족시키는 것은 즐거운 일입니다.

종합의견: 제품 평가단은 게임플레이 경험이 많은 집단입니다. 이들은 오랫동안 어떤 게임이 성공해왔는지를 감각적으로 알고 있습니다. 그 감각을 바탕으로 종합평가를 합니다.

위의 평가표보다 더 간략한 평가표도 있습니다. 중요한 것은 미학적 즐거움을 충족시킬만한 수준인지와 첫인상에 임팩트가 있는지를 판단합니다. 플레이 몰입도가 있는지, 콘텐츠에 매력이 있는지 판단합니다. 큰 틀에서 보면 비슷한 기준임을 알 수 있습니다.

항목	평가내용
1. 그래픽	유저에게 주는 첫인상으로 어느 정도의 임팩트를 가지고 있는가
2. 시나리오	설정된 세계관과 스토리가 유저의 궁금증을 유발시키는가
3. 사운드	상황에 맞는 사운드와 적절한 효과음이 쓰였는가
4. 몰입도	플레이를 지속시킬 수 있도록 밸런싱이 잘 갖추어져 있는가
5. 소장가치	캐릭터나 카드, 동료 등의 컬렉션 요소에 애착을 가질 수 있도록 설정됐는가

Project A1의 제품평가를 실시한 결과 성공 가능성이 엿보입니다.

잘 마무리하고, 조금 더 손보면 전 세계 게임시장에 경쟁력이 있을 것 같습니다.

글로벌 판권을 조건으로 퍼블리싱 계약을 체결했습니다.

* Project A1 계약조건 (예시)

– 계약금 200,000$ (글로벌 판권, 중국 제외)

– 로열티 비율은 수수료 제한 금액(Net Gross)에서 30%

– 계약금 납입시기

계약 성사 시 40%, 빌드 전달할 때 30%, 최종 론칭일에 30%

– 로열티는 입금일로부터 45일 이내에 받기로 합의하였습니다.

계약조건은 당연히 회사마다 다릅니다.

이제 판권은 퍼블리셔에게 완전히 공이 넘어갔으니 본격적인 론칭 전략을 고민해봅니다.

2. SWOT 분석 / STP 전략

SWOT 분석은 개발을 착수하기 전 개발 여부를 결정하기 위해서도 한번 나왔습니다. 이번에는 론칭을 결정하기 위해 다시 한번 분석합니다.

SWOT는 이렇게 반복적으로 자주 쓰이는 주요 분석 도구입니다.

이번에는 좀 더 자세히 알아볼 겸 시사경제용어사전에 있는 SWOT 용어를 살펴보겠습니다.

SWOT 분석

기업 내부 환경과 외부 환경을 분석하여 강점(Strength), 약점(Weakness), 기회(Opportunity), 위협(Threat) 요인을 규정하고, 이를 토대로 경영 전략을 수립하는 기법으로, 미국 경영컨설턴트인 알버트 S. 험프리(Albert S. Humphrey)에 의해 고안되었다. SWOT 분석의 가장 큰 장점은 기업의 내, 외부 환경 변화를 동시에 파악할 수 있다는 것이다. 기업의 내부 환경을 분석하여 강점과 약점을 찾아내며, 외부 환경 분석을 통해서는 기회와 위협을 찾아낸다.

* 강점(Strength) : 내부 환경(자사 경영자원)의 강점
* 약점(Weakness) : 내부 환경(자사 경영자원)의 약점
* 기회(Opportunity) : 외부 환경(경쟁, 고객, 거시적 환경)에서 비롯된 기회
* 위협(Threat) : 외부 환경(경쟁, 고객, 거시적 환경)에서 비롯된 위협

SWOT 분석은 외부로부터 온 기회는 최대한 살리고 위협은 회피하는 방향으로 자신의 강점은 최대한 활용하고 약점은 보완한다는 논리에 기초를

두고 있다. SWOT 분석에 의한 경영 전략은 다음과 같이 정리할 수 있다.

* SO 전략(강점–기회 전략) : 강점을 살려 기회를 포착

* ST 전략(강점–위협 전략) : 강점을 살려 위협을 회피

* WO 전략(약점–위협 전략) : 약점을 보완하며 기회를 포착

* WT 전략(약점–위협 전략) : 약점을 보완하여 위협을 회피

SWOT 분석은 간결하고 응용범위가 넓은 일반화된 분석 기법이기 때문에 여러 분야에서 사용되고 있다. (시사경제용어사전, 대한민국정부, 2010)

강점, 약점이란 것이 뻔한 분석 도구 같지만, 이것을 문자로 표면화하는 것이 중요합니다.

또한, 시장의 위기와 위협을 같이 분석함으로써 제품의 객관성을 확인할 수 있습니다.

* Project A1의 간략 SWOT

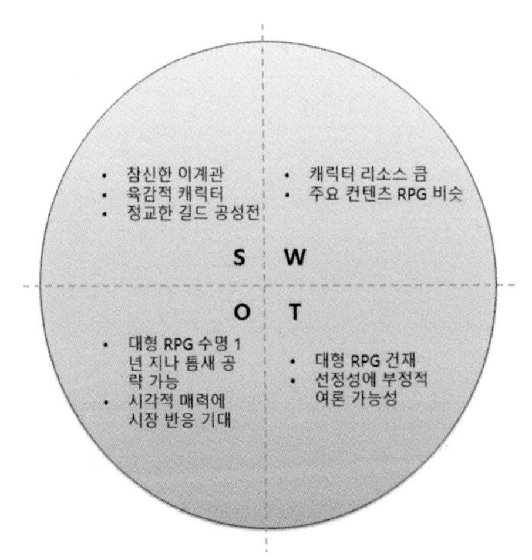

* SO 전략(강점-기회 전략) : 강점을 살려 기회를 포착하는 전략

파스텔톤의 이세계 컨셉이라는 독특함

육감적인 캐릭터

정교한 길드 공성전으로 새로운 길드 대전을 경험

* WT 전략(약점-위협 전략) : 약점을 보완하여 위협을 회피하는 전략

레진 코믹스의 성인 웹툰 작가를 섭외하여 캐릭터 리소스를 보완함

대형 RPG의 론칭이 1년 지났으므로 대형 RPG의 약점을 공격한다.

IP 인지도가 높지 않은 상태에서 시장에 임팩트를 주기가 쉽지 않습니다. 2017년 게임 트렌드는 IP(지식재산권, 기존에 존재하는 콘텐츠를 활용하기 위한 권리)활용이 있었습니다. 마케팅 비용이 워낙 비싸서 IP만 확보해도 비용을 절약할 수 있습니다.

Project A1은 시각적 이미지에 강점을 두는 만큼 인지도 있는 유명 작가와의 콜라보레이션을 고려해봅니다.

성인 웹툰 작가의 일러스트 콜라보레이션과 이세계라는 판타지 이미지로 시장에 기대감을 높이는 전략을 취합니다.

SWOT 분석은 손자의 '지피지기' 전략과 같습니다. '적을 알고 나를 알면 백번 싸워도 위태롭지 않다.'는 격언을 사업적으로 접근한다고 보면 됩니다.

STP 전략

STP 전략은 Segmentation(시장세분화), Targeting(타깃설정), Positioning(포지셔닝)의 앞글자를 딴 대표적인 마케팅 전략 중 하나입니다.

STP에 대한 설명을 찾아보면 다음과 같습니다.

기업의 입장에서는 하나의 제품으로 전체 시장을 공략할 수 있다면 가장 효율적이다. 하지만, 어떠한 기업도 각 개인에 맞는 차별화된 제품을 생산할 수 없기 때문에, 효율과 효과의 차이를 메우기 위해 시장을 세분화한다. …(중략)… 이러한 세분시장 중 기업이 집중적으로 공략하는 시장이 바로 표적시장이다. …(중략)… 기업은 시장을 세분화한 뒤, 세분시장별로 차별화된 제품을 만들 수도 있고, 단 하나의 세분시장만을 집중적으로 공략할 수도 있다. 시장세분화/표적시장 (시사경제용어사전, 대한민국정부, 2010)

전체 시장을 공략하는 것은 대기업에서 주로 쓰는 방법입니다. 다른 장르 유저와 신규 유저까지 목표로 전체 미디어에 걸쳐 대규모 마케팅을 합니다. 수십억을 쓰고 수백억을 거둬들이겠다는 목표로 마케팅합니다. 작은 회사는 그 정도 규모의 예산이 없으므로, 시장세분화와 표적시장을 결정하고, 그 표적을 어떻게 공략할지 결정합니다.

Project A1은 모바일게임, RPG 장르이고, 이 중 20~30대 성인층의 남성을 공략할 것입니다. STP의 주안점은 대형 RPG에 피로감을 느끼고 있을 20~30대 성인 남성에게 매일 지겨운 RPG, 항상 똑같은 RPG(시장약점)가 아닌 새로운 이세계물 RPG(강점)를 어필합니다.

개발 제안서에 포지셔닝됐던 위치입니다. 론칭 과정에서 성인 웹툰 작가 콜라보 비용이 추가되었지만, ARPPU(평균 결제금액)를 높게 설정하여서 감당할 수 있는 수준입니다.

이 포지셔닝 맵에선 전체 장르를 표시하였지만, 실전에서는 RPG용으로

장르별 ARPPU / 플레이타임 포지셔닝 맵

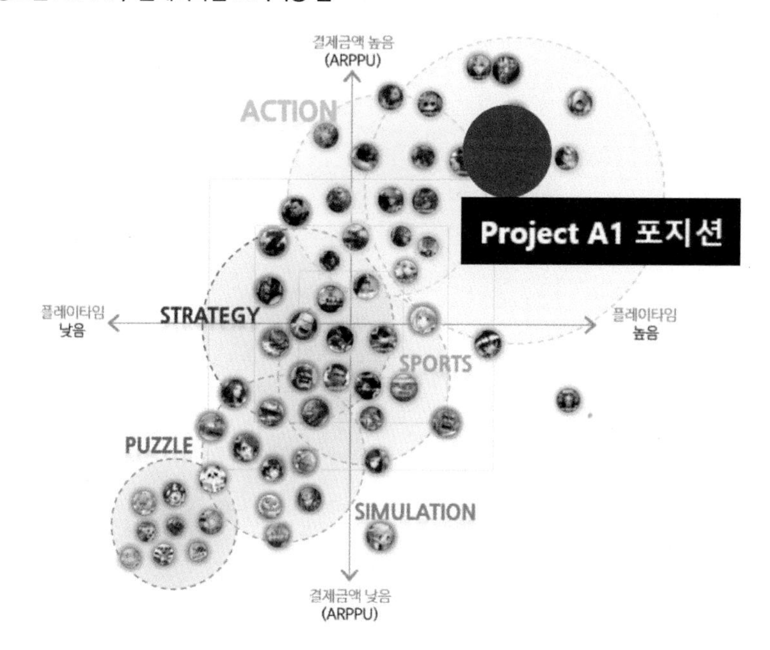

2016년 모바일시장 분포, 출처: 구글플레이 자료를 IGAWorks에서 재가공

세분화된 포지셔닝 맵을 활용하면 더 좋습니다.

시장을 판단하는 데 도움이 되는 분석 사이트를 소개해드리겠습니다.

모바일 앱 마켓 분석 사이트인 '앱 애니'(https://www.appannie.com/kr/) 입니다.

상위 차트에서 대한민국, 구글플레이, 게임, 수익 순서로 선택하면 현재 매출 순서대로 인기앱을 확인할 수 있습니다. 카테고리를 클릭하면 카테고리별로 매출 순서가 나옵니다.

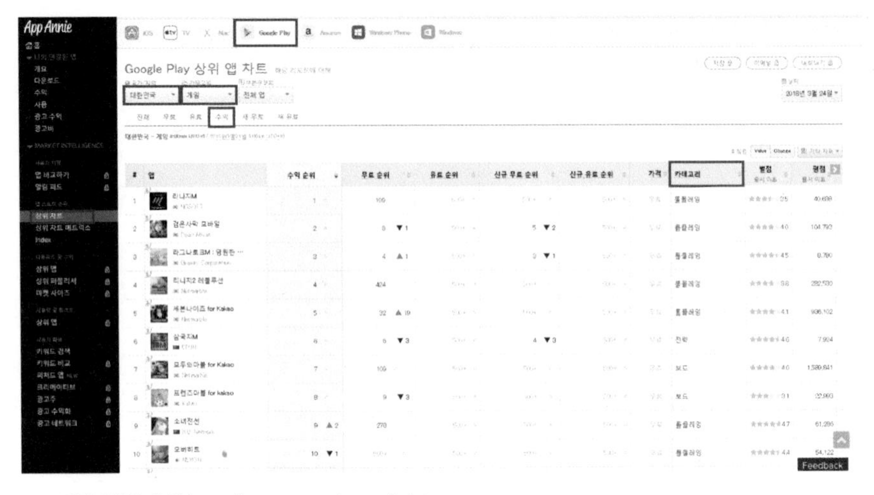

앱애니 화면, 출처: https://www.appannie.com/kr/

하나의 앱을 선택하여 인기 순위를 추적하는 것도 도움이 됩니다.

『꿈의 정원』(원하는 게임명)을 클릭하고, 랭킹 트렌드를 누르고, 기간을 설정하면 구간별로 랭킹 트렌드를 볼 수 있습니다.

이런 방식으로 라이벌게임의 경쟁력을 확인할 수 있습니다. 또 순위가 상승하는 구간을 추적해 상승원인을 분석해 볼 수도 있습니다. 효과가 좋았던 이벤트라면 이벤트 구조를 벤치마킹할 수도 있습니다. 앱애니는 개인에 따라 활용가치가 다릅니다. 원하는 방식으로 데이터를 가공해 사용하면 됩니다. (무료 버전으로 사용해도 쓸만합니다. 유료면 더 좋겠지요.)

게임시장은 거대한 바다와 같습니다. 때로는 수십 년 경력의 베테랑이 좌초되기도 하고, 때로는 초심자도 순풍에 돛단 듯 순항하기도 합니다. 이런 시장이 주는 위기와 기회를 잘 타는 것도 운이자 실력입니다.

예를 들어 RPG를 2년간 개발해서 곧 론칭을 하려고 하는데 비슷한 시기에 『리니지M』 같은 대형 RPG가 나온다면 어떨까요. 중소기업에서 개발한 RPG로는 상대할 방법이 사실상 없습니다.

『리니지M』 정도면 유저의 기대감도 그렇고 쏟아부을 물량도 어마어마합니다. 영화에서도 대형 영화가 개봉되는 시기를 피해 날짜를 바꿔 개봉하는 이유도 같습니다. 시장의 돈을 흡수하는 힘이 다릅니다. 마케팅 베테랑이라도 어떻게든 피하는 것이 답입니다. 반대로 우연히 한동안 출시되는 게임이 없는 공백기라면 어떨까요. 초심자가 마케팅을 해도 신규 게임을 기다리는 대기수요가 많아 큰 수익을 낼 수도 있습니다.

이렇게 시장의 상황에 따라 결과가 많이 달라지기도 합니다.

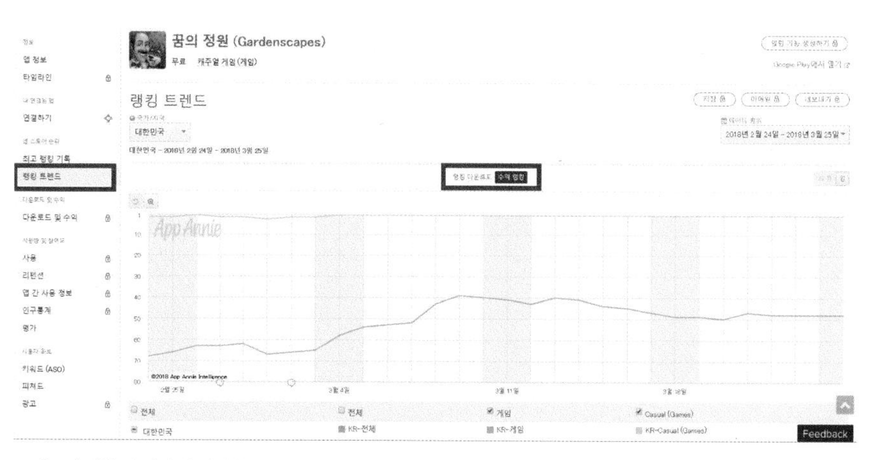

『꿈의 정원』, 수익 순위 데이터

여태까지 SWOT 분석과 STP 전략을 검토해 보았습니다.

가장 높은 수익을 낼 수 있는 지점에 표적시장과 포지셔닝을 결정하였으므로, 이제 이것을 실체화된 언어와 영상으로 바꿔야 합니다.

3. 콘셉트/키워드 결정

게임의 승패는 다운로드 숫자에서 결정된다고 봐도 과언은 아닙니다.

다운로드 숫자를 높이려면 어떻게 해야 할까요?

다운로드 = 노출빈도 * 기대감(콘셉트/타깃)

다운로드는 우리가 서비스하려는 게임에 관심을 가질 타깃에게 많이 노출하면 됩니다.

새 게임이 나왔으니 한 번쯤 해볼까 하는 기대감을 심는 것입니다.

의사결정이 진행되는 과정을 살펴보겠습니다.

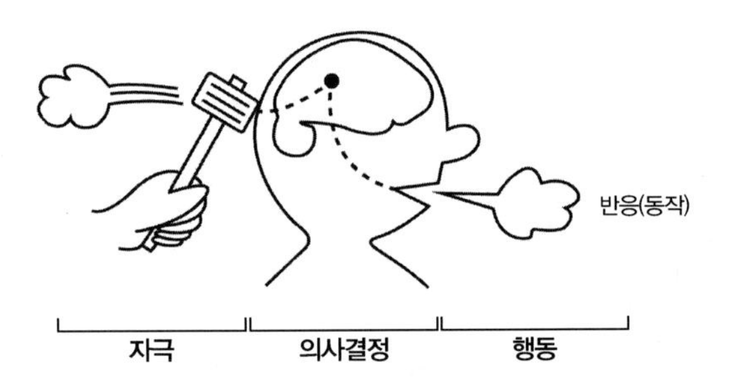

의사결정의 기본형

유저의 다운로드라는 행동은 어떻게 발생 될까요?

유저를 행동으로 이끌기 위해서는 비교 대체안으로 선택을 받아야 합니다.

그러기 위해선 기존에 플레이하고 있는 게임과 비교해서 다른 무언가가 있다는 걸 보여주어야 합니다.

그러기 위해서는 타깃층이 가진 욕구를 파악하고, 그 지점을 정확히 공략해서 잡아낼 수 있으면 됩니다.

시장에 어필할 수 있는 우리만의 콘셉트 키워드를 만듭니다.

요즘 오픈 또는 사전예약 중인 게임의 콘셉트 키워드를 보겠습니다.

(좌측 상단부터 시계방향) ①RPG 그 이상의 특별한 모험!, 『드래곤네스트M』 ②협공전략RPG, 『체인스트라이크』 ③『데빌메이커:아레나 for kakao』 ④『섬란카구라:폭유질주』

① 그 이상과 특별한 이라는 키워드로 우월감과 차별성있는 RPG의 이미지를 갖습니다.

② 협공전략이라는 새로운 카테고리를 사용했습니다. 카테고리를 새로 만드는 것은 효과적인 전략입니다.

③ 데빌메이커:도쿄의 후속작입니다. 3년 만에 다시 나타난 데빌메이커입니다.

④ 남성용이 아닌 신사용이라는 단어와 후방주의 키워드를 썼습니다. 이번엔 무엇을 진짜 보여줄 것인가 궁금해집니다.

제품마다 이렇듯 경쟁력 있는 키워드와 이미지를 뽑는 것이 중요합니다.

키워드를 정할 때 새로운 카테고리를 창조하겠다는 목표를 가지면 더 좋습니다. 기존모델과 90%가 같지만, 10%의 새로움을 가지고 새로운 카테고리를 만들어냅니다. 마찬가지로 90%는 대중화된 기술이지만, 새로운 10%에서 누구보다 강점을 가짐으로써 새로운 전문가가 될 수 있습니다. 카테고리를 새로 만들어내는 전략은 협공전략RPG처럼 지금도 계속 만들어지고 있습니다.

우리의 생각 프로세스는 먼저 구매 욕구 발생→구매 욕구에 맞는 카테고리→카테고리의 대표제품 순으로 인지하는 방향이 진행됩니다.

예를 들어, 장마철이 됐습니다. 옷장에 습기가 있어 옷이 눅눅해졌습니다.(구매욕구 발생) 습기 제거제(카테고리)가 필요합니다. 습기 제거제는 당연히 물먹는 하마(대표 브랜드)입니다.

키워드를 통해 유저의 숨겨진 기대심리를 잘 녹여 포장합니다.

게임을 선택하는 주요 이유 중 하나가 광고와 기사입니다.

퍼블리싱 계약, CBT, 사전예약, 주요 업데이트나 이벤트 등의 기사 배포 간격을 잘 조절해서 반복적으로 노출되도록 관리합니다.

이것은 장기적으로 수면자 효과를 기대할 수 있습니다.

수면자 효과(Sleeper effect)란, 신뢰성이 낮은 출처의 정보임에도 불구하고, 시간이 경과할수록 그 설득 효과가 높아지는 현상을 말한다. …(중략)… 광고 및 마케팅 연구자들은 수면자 효과로 인해 소비자들이 광고에 노출된 직후가 아닌, 일정 시간이 지난 이후 특정 브랜드나 제품을 기억하는 것으로 본다. 따라서 시간이 지난 후에도 소비자들이 기억할만한 광고, 제품의 정보를 효과적으로 구성하는 것이 핵심이다.

(수면자효과, 두산백과)

이런 효과를 볼 때 과장광고가 되지 않을 정도로 오버하는 것은 광고에 바람직하므로 적절한 수준으로 잘 포장해서 보도자료를 준비하도록 합니다. 많은 광고가 과장된 표현을 쓰는 비밀은 바로 수면자 효과 때문입니다.

콘셉트 키워드와 영상 콘셉트까지 결정했다면 어느 곳에 노출할지 결정할 마지막 순간입니다.

4. 미디어믹스

미디어믹스란, 광고계획에서 광고 메시지가 구매자에게 가장 효율이 높은 매체로 도달할 수 있도록 광고편성을 결정하는 일이다. (미디어믹스, 두산백과)

이에 앞서 유저들은 무엇을 보고 게임을 선택하는지 살펴보겠습니다.

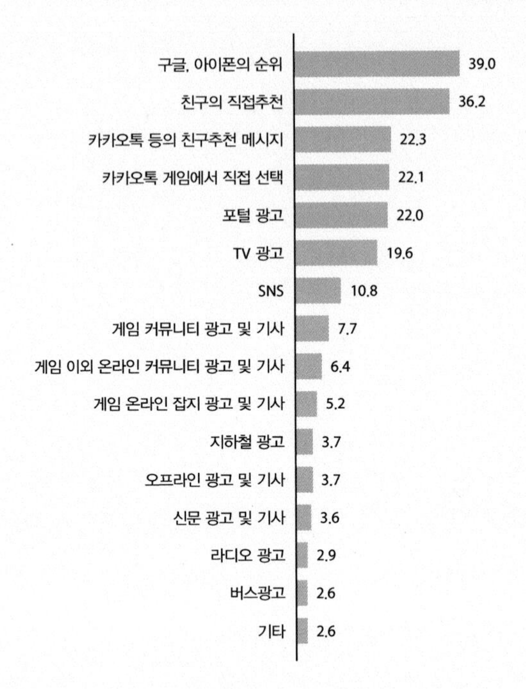

모바일게임 선택 정보, 2017 게임이용자 실태조사 보고서, 콘텐츠진흥원

가장 높은 비율이 구글, 아이폰의 인기 순위로 39%를 차지합니다. 인기게임을 따라하는 현상은 밴드웨건 효과로 볼 수도 있습니다.

밴드웨건 효과란, 대중적으로 유행하는 정보를 따라 상품을 구매하는 현상을 말합니다. 유행에 동조함으로써 타인들과의 관계에서 소외되지 않으려는 심리에서 비롯됩니다.

악대차(band wagon)는 악단을 선도하며 요란한 연주로 사람들을 끌어 모습니다. 이 악대차, 즉 밴드왜건을 우르르 쫓아가는 사람들의 모습에서 유래했습니다.

(밴드웨건 효과, 상식으로 보는 세상의 법칙: 심리편, (주) 북이십일 21세기북스)

현재 출시되는 게임의 수가 워낙 많아서 잘못하면 시간, 데이터 낭비에 스트레스만 받을 가능성도 높습니다. 그 결과 안정적인 선택을 더 선호하게 되고, 결과적으로 밴드웨건 효과가 발생하게 됩니다.

3위와 4위는 카카오톡을 통해 게임을 출시하는 것을 의미합니다.

위에 이미지로 보았던 『데빌메이커: 아레나 for kakao』도 카카오톡 플랫폼을 이용한 것을 알 수 있습니다. 카카오톡을 이용해 게임을 선택하는 사람이 많습니다. 하지만 카카오톡을 이용하려면 그만큼 비용을 지불해야 합니다. 카카오톡 플랫폼 수수료는 대략 21%입니다.

카카오톡 게임 다음으로 유저가 다운로드하는 데 참고하는 곳이 포탈 광고와 티비 광고입니다.

네이버의 경우 점심 먹은 직후, 퇴근 전후를 중심으로 사람들이 많이 보는 시간대, 트래픽이 높은 만큼 가격이 비쌉니다. TV 광고도 시청률에 비례해서 비쌉니다.

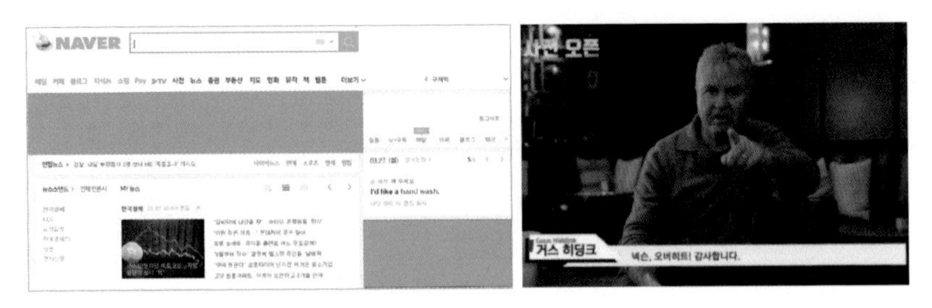

네이버 메인광고와 TV 광고

다음으로 SNS와 게임 커뮤니티, 인터넷 신문에 광고가 게시되는 공간입니다.

파란색 박스 부분: 유튜브, 게임 커뮤니티 인벤, 인터넷 신문 광고

퍼블리셔가 직접 매체에 광고를 게시하면 전체 광고에 대해 종합적인 관리가 되기 어렵습니다. 그래서 게임 쪽 광고를 담당하는 전문회사들이 있습니다. 그분들의 조언과 여러 가지 제안서를 받아서 미디어믹스 최종 집행을 결정하게 됩니다.

광고 전문회사인 광고대행사는 다양한 제안과 견적서를 보여줍니다. 아래 견적서 예시는 실제와는 다소 차이가 있으니 참고만 해주길 바랍니다.

Project A1 프로모션 신청서

개요

프로모션 명	Project A1 프로모션		
진 행 기 간		진 행 비 용	₩122,100,000

프로모션 상세정보

품목	상세내용	진행기간	공시금액	제안금액
네이버 메인	네이버 메인 3회	3일	₩30,000,000	₩30,000,000
게임 & 커뮤니티 메인	인벤, 루리웹, 기타 커뮤니티	15일	₩30,000,000	₩30,000,000
신문 5종 메인	일반 신문 5종	15일	₩10,000,000	₩7,000,000
구글 마켓 리뷰	구글 별점&리뷰 / 1000건	15일	₩7,000,000	₩5,000,000
[바이럴] 커뮤니티	게임 커뮤니티 관리	1개월	₩3,000,000	₩2,000,000
[바이럴] 파워블로그	파워블로그 포스팅 10건	1개월	₩3,000,000	₩2,000,000
CPI (설치형)	초기 부스팅 CPI 1만건 (건당 1000원)	10일	₩10,000,000	₩7,000,000
페이스북	페이스북 CPI 1만건	15일	₩15,000,000	₩15,000,000
네이버 카페 운영	게임 공식 카페 관리 (네이버 카페)	1개월	₩5,000,000	₩3,000,000
MCN	BJ 활용, 아프리카 영상 업로드	15일	₩15,000,000	₩10,000,000
~~오프라인광고~~	~~엘리베이터 동영상 광고 x 수도권 전체~~	~~1개월~~		
~~오프라인광고~~	~~버스정류장 광고~~	~~1개월~~		
			₩128,000,000	₩111,000,000
	할인	₩17,000,000		

청구 비용 정보

청 구 지	□ 광고주 직접 □ 대행사		
청 구 방 법	□ 세금계산서 □ 거래명세표(위수탁세금계산서발행시)		
프로모션비용	₩111,000,000	V A T	₩11,100,000
합 계 비 용	₩122,100,000		
세금계산서 발행일	광고집행 종료월의 말일	결 제 일	세금계산서 발행 후 30일 이내
비고			

광고 서비스 이용 약관

위 약관에 동의하며 광고게재를 신청합니다.

날 짜 :

신청인 : (인)

대략 1억 원짜리 광고 계약서입니다.

Project A1의 미디어믹스는 네이버, 게임 커뮤니티, 신문, 바이럴마케팅, 블로그 등으로 결정합니다.

눈여겨볼 부분은 구글 플레이스토어의 리뷰와 별점까지 관리해줍니다. 또 카페와 커뮤니티까지 관리해주는 종합서비스를 받습니다. 유저 동향관리도 게임을 선택하는데 영향을 미치므로 필요한 사항 중 하나입니다.

요즘은 개인방송이 점차 활성화되고 1인 크리에이터라고 불리는 BJ의 활약도 눈부십니다. 이분들의 영향력이 커진 만큼 광고에도 좋은 효과를 기대할 수 있습니다.

이렇게 광고를 집행하면 얼마나 성과를 냈는지 결과표를 보여줍니다.

광고 성과를 보려면 용어를 알아야 합니다. 관련된 용어를 알아보겠습니다. (게임용어사전: 기관/용어)

- **CPM(Cost per mille)**: 광고 비용을 측정하는 모델의 한 종류로, 1,000회 광고를 노출시키는 데 사용된 비용을 의미합니다.

$$CPM = \frac{\text{광고 단가}}{\text{광고 노출 수}} X 1000$$

- **CPC(Cost per click)**: 1회 클릭당 비용, 인터넷 검색사이트에 특정 키워드를 검색한 사람들을 대상으로 광고주의 사이트가 노출되도록 하는 키워드 광고의 일종입니다.
- **CTR(Click Through Ratio)**: 인터넷상에서 배너 하나가 노출될 때 클릭 되는 횟수를 뜻합니다. 보통은 '클릭률'이라고 합니다. 예컨대 특정

배너가 1백 번 노출됐을 때 3번 클릭 된다면 CTR은 3%가 됩니다. 일반적으로 1~1.5%는 되어야 광고할만한 수치로 볼 수 있습니다.

$$CTR = \frac{\text{클릭수}}{\text{임프레션}} \times 100$$

(NEW 경제용어사전, 미래와경영연구소, 2006)

- **CPA(Cost per Action)**: 온라인 또는 모바일 환경에서 시행되는 직접 반응 광고 유형의 하나입니다. 목표 타깃(Target)이 광고주가 원하는 행동(예를 들어, 회원가입, 설문지 작성, 앱 설치 등의 행동)을 취할 때마다 광고비를 지급하는 방법을 의미합니다.
- **CPI(Cost per Install)**: 모바일 환경에서 광고 집행 시, 광고상품에 해당하는 애플리케이션이 설치(install)된 기기 수에 따라 광고 비용을 지불하는 방식입니다.

CPA에서 정의한 행동 중 하나이지만, 모바일 환경에서는 인스톨이 가장 중요한 지표이기 때문에 인스톨만을 따로 구분해 표기하고 있습니다.

Daily TOTAL						
일자	노출	클릭	CTR	Open	Install	소진금액
1-Nov	3,000,000	30,000	1.00%	210	50	₩ 3,000,000
2-Nov	5,000,000	40,000	0.80%	3,680	100	₩ 4,000,000
3-Nov	7,000,000	80,000	1.14%	7,550	200	₩ 8,000,000
4-Nov	8,000,000	100,000	1.25%	12,850	200	₩ 10,000,000
5-Nov	8,500,000	120,000	1.41%	18,370	300	₩ 12,000,000
6-Nov	8,000,000	150,000	1.88%	21,730	200	₩ 15,000,000
7-Nov	8,000,000	120,000	1.50%	25,990	200	₩ 12,000,000
8-Nov	9,000,000	100,000	1.11%	29,410	200	₩ 10,000,000
9-Nov	13,000,000	140,000	1.08%	30,910	400	₩ 14,000,000
10-Nov	17,000,000	150,000	0.88%	33,890	300	₩ 15,000,000
Total	86,500,000	1,030,000	1.19%	184,590	2,150	₩103,000,000

(이 지표에서는 CPC 100원으로 설정하여 비용이 책정되었습니다.)

* 참고로, 이 지표에서는 100만 번 클릭했지만, 인스톨 숫자는 2,000회 남짓입니다. 인스톨 당 5만 원의 비용이므로 망한 결과라 할 수 있습니다. 이렇게 인스톨이 어렵다보니 CPI 계약형태가 나온 것입니다.

* **게임 관련 용어**

– **RU 등록가입자**(Registered Users): 게임에 등록된 가입자

– **MAU 월활동유저**(Monthly Active Users): 한 달 동안 한 번이라도 접속한 순수 유저

– **DAU 일활동유저**(Daily Active Users): 하루 동안 한 번이라도 접속한 순수 유저

– **UV 순수이용자**(Unique Value, Unique Visitor): 중복 접속을 뺀 순수 접속 유저

– **ARPU**(Average Revenue per User): 가입 유저 1명당 월평균 결제금액

– **ARPPU**(Average Revenue Per Paying User): 결제 유저 1명당 월평균 결제금액

– **재방문율**(Retention rate): 접속한 이후 다시 접속하는 유저의 비율

– **결제율**: 전체 유저 중 현금 결제 유저의 비율

짧은 노출 순간에 번쩍이는 콘셉트로 유저 마음속에 작은 불꽃을 심어야 합니다. 금방 꺼져버리기 일쑤지만, 작은 불꽃이 다운로드까지 움직이길 희망해봅니다.

이제 서비스가 시작됐습니다. 공은 운영팀으로 넘어갑니다.

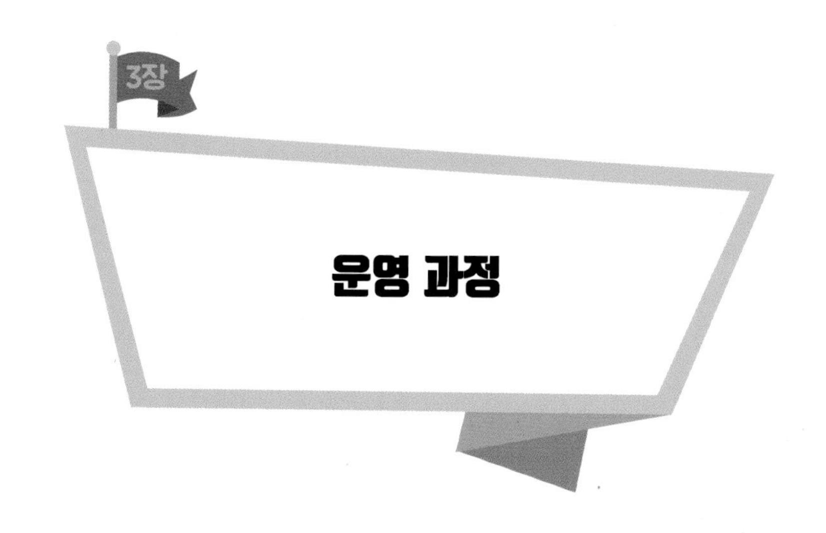

운영 과정

이제 유저와 가장 밀접한 관계를 맺고 있는 운영팀이 나설 차례입니다.

운영팀의 주요활동은 현재 플레이를 하고 있는 유저와 직접 소통하는 것입니다.

소통하는 목적은 다양한 유저의 의견을 들어주기도 하고, 게임을 이탈하지 않도록 피드백을 줍니다. 한 번 접속하고 그만두지 않도록 재접속률(리텐션)을 높이는 활동과 아직 결제하지 않은 유저들이 작은 금액이라도 결제를 하도록 유도합니다.

우선 운영에 대한 설명을 위해 유저 그룹을 나눠보겠습니다.

유저는 세 가지 그룹으로 나눌 수 있습니다.

1. 라이트 유저: 일일 3시간 이내에서 게임을 하는 유저 그룹
2. 헤비 유저: 일일 3시간 이상 게임을 하는 유저 그룹

3. 코어 유저(헤비 과금러): 일일 3시간 이상 게임을 하며, 현금 결제도 같이 합니다.

인구 비율로는 8 : 1.5 : 0.5 정도입니다.
80%는 비결제 유저이고, 라이트 유저입니다.
15%는 소액 결제 유저와 무결제 헤비 유저입니다.
5%가 헤비+결제 유저입니다. 이분들은 콘텐츠 소비속도가 대단하지만, 그만큼 코어 그룹으로 회사를 먹여 살리는 VVIP 고객입니다.

운영팀은 주로 이벤트, CS 및 카페 커뮤니티 관리, 유저 동향 파악 등을 맡습니다.

1. 이벤트 전략

이제 운영팀의 이벤트 활동을 살펴보겠습니다.

80%의 라이트 유저에게는 참가유도, 출석보상을 중심으로 이벤트를 합니다.
라이트 유저의 특성상 다른 게임에도 라이트하게 중복해서 플레이하는 경우가 많습니다. 또는 이 게임이 우선순위가 높지 않아, 다른 중요한 일이 있으면 게임에서 금방 이탈합니다. 그러므로 매일매일 접속하도록 유도하는 것이 첫 번째 목표입니다.
매일 접속하는 것이 습관화되면 게임에 애착이 생기고 더 많은 시간을 게임에 쏟게 됩니다. 여기 좀 더 바란다면 15%의 소과금 결제 유저가 되도록 유인하는 것입니다.

이벤트 기간 동안 천 원이라도 결제한 유저에게는 5천 원 가치의 5성급 카드 또는 아이템을 준다거나 추첨을 통해 대박 상품을 준비해서 결제 문턱을 최대한 낮추는 것이 좋습니다.

문간에 발 들여 놓기 기법 (foot-in-the-door technique)

작은 부탁을 응했던 사람이 더 큰 부탁을 했을 때 들어줄 확률이 훨씬 높아집니다. 언제나 처음이 어렵지 한번 결제하기 시작하면 자주 결제하는 것과 같습니다.

무결제 헤비 유저는 15%에 달합니다. 그들에게는 결제해야 받을 수 있는 캐시 아이템 상품을 걸고 이벤트를 합니다.

무결제 헤비유저의 특성은 현금 결제를 절대 하지 않는다는 자부심이 있습니다. 그러면서도 라이트 결제 유저보다는 더 강해지고 싶어합니다. 시간이 부족하지만, 결제능력이 충분한 30대 유저보다 강해지고 싶은 10대, 20대 유저의 특성을 가지고 있습니다. 매일 출석하는 것은 기본이고, 장기출석 보상으로 캐시 아이템을 준비합니다. 캐시 아이템을 목표로 하면서 강한 활동력을 보여줍니다. 이 단계의 유저가 헤비 유저와 라이트 유저를 이어주는 아주 소중한 유저 그룹입니다.

5% 고이 유저에게는 랭킹에 상응하는 한정판 아이템을 준비하는 것이

좋습니다.

헤비 과금 유저그룹은 게임 내 상위 랭커입니다. 상위 랭커에 맞는 한정판 코스튬 아이템이 제격입니다. 코스튬+능력치 아이템은 최상급 랭커에게 배당되는 특별 아이템입니다. 이 5%의 헤비 과금 그룹이 전체 매출의 대략 80% 이상을 담당합니다(물론, 게임마다 편차는 있습니다). 운영팀은 VVIP 고객에 맞는 맞춤형 서비스를 제공하고자 노력합니다.

이들은 최상위 리더그룹으로 많은 헤비 무결제 유저를 동반하며 그들의 우상이 되기도 하고, 게임 밸런스의 얼리어답터 역할을 합니다. 이들의 실제 플레이 데이터를 기반으로 게임 업데이트 방향이 결정되는 경우도 많습니다.

장기적으로는 이벤트가 반복되더라도 끊김 없이 진행하는 것이 좋습니다. 언젠가 내가 좋아하는 이벤트가 나오겠지라는 마음으로 이벤트를 지켜보게 됩니다.

또한 어떤 이벤트든지 잭팟을 기대하는 마음을 갖도록 추첨을 통해 핸드폰 등의 고가 상품을 준비합니다.

2. CS 및 유저 동향 파악

운영팀은 1:1 전담반과 같습니다.

비싸게 모셔온 유저 님이 한 명이라도 나가지 않도록 전담반처럼 CS(Customer service)를 철저히 하는 것이 목표입니다.

- 1:1 문의사항을 정확하고 빠르게 처리하기
- 구글 리뷰에 올라온 클레임이나 의견에 답하기
- 카페에서 공지사항을 올리기
- GM이 유저들과 함께 활동하기
- 유저들이 원하는 사항을 잘 모아서 게임에 반영하기

유저의 기대가 게임에 반영되면 클레임을 걸던 유저가 게임을 이탈하지 않고 충성고객으로 바뀔 수 있는 기회가 됩니다.

구글에서 유저 의견으로 검색만 해봐도 많은 게임사들이 유저의 의견을 반영하기 위해 적극적인 것을 알 수 있습니다.

'검은사막 모바일', 유저의견 즉시 반영...출격 준비 완료 - 게임뷰
www.gamevu.co.kr/news/articleView.html?idxno=6962 ▾
'시그널' 업데이트 사전예약 시작 ... 유저 의견 반영 '환영' - 경향게임스
www.khgames.co.kr/news/articleView.html?idxno=96920 ▾
게임빌, 로열블러드 유저 의견 반영한 업데이트 실시 - 머니S
moneys.mt.co.kr/news/mwView.php?no=2018030710188023469&code=w0407... ▾

유저를 이렇게 많이 생각해주다니, 게임회사에 감사할 일입니다.

요약하자면, 유저의 요구가 게임에 반영되도록 게임회사와의 접점 역할이라는 중요한 일을 맡고 있습니다.

3. QA 과정

마지막으로, QA를 살펴보겠습니다.

QA는 개발환경에서 더 많이 쓰기도 하지만, 지금은 퍼블리셔 운영팀의 입장에서 QA를 진행하는 것으로 가정하겠습니다.

모바일 환경으로 접어들면서 게임산업의 매출이 과거와 비해 훨씬 커졌습니다. 만약 중요 버그로 인해 하루 동안 임시점검이 발생하면 매출타격도 클 뿐만 아니라, 타 게임으로 이탈까지 합니다. 그 비용이면 차라리 QA팀을 만들어 버그를 잡아내는 게 더 이익이라는 판단하게 되었습니다. 이런 산업 환경의 변화가 QA팀을 발전하도록 이끌었습니다.

QA는 Quality Assurance, 품질 보증이라는 뜻입니다.

QA는 원래 소프트웨어 공학에서 개발 오류를 줄이기 위해 사용되었던 개념입니다. 현재는 게임 개발환경에서도 QA를 적극적으로 활용하고 있습니다.

게임 QA는 궁극적으로는 게임 내 버그를 잡는 일입니다. 게임에는 많은 버그가 있습니다.

인터렉티브한 장르 특성상 유저에 의해 게임에 어떤 예상치 못한 행동이 들어오거나, 예상치 못한 범위의 입력이 들어오면 프로그램이 처리를 못해 버그가 생깁니다.

어떻게 게임의 버전과 버그를 관리하는지 예를 들어 알아보겠습니다.

QA를 진행하기 전에 우선 개발사와 어떤 방식으로 테스트를 진행할지 큰 그림으로 협의합니다. 게임을 관리하기 위해 필요한 서버에는 큰 업데이트에 필요한 테스트 서버(Long Term QA 서버, 이름은 서로 편하고 알아듣기 쉽게 붙이면 됩니다)와 작은 패치에 필요한 테스트 서버(Standby 서버)가 있으며, 실제 유저가 플레이하고 있는 서버(Live 서버)가 있습니다.

LTQA(Long Term QA) 서버는 주로 6개월, 1년 단위의 중요한 업데이트를 테스트하는 용도입니다. 보통 Standby 서버에서 다음에 업데이트할 사항을 먼저 적용합니다. 이때 패치노트와 새 빌드를 운영팀에 전달합니다. V1.1 이렇게 표시된 것이 빌드 버전입니다. 버전은 빌드의 고유이름입니다. 패치노트를 기준으로 TestCase를 작성합니다. 모든 패치 내용이 정상적으로 적용됐는지를 테스트합니다.

여기서는 BVT TestCase를 공유해보도록 하겠습니다.

BVT는 Build Verification Test의 줄임말입니다. 빌드가 유효한 빌드인지 먼저 테스트하는 용도입니다. BVT의 주요 TestCase는 가장 중요한 내용으

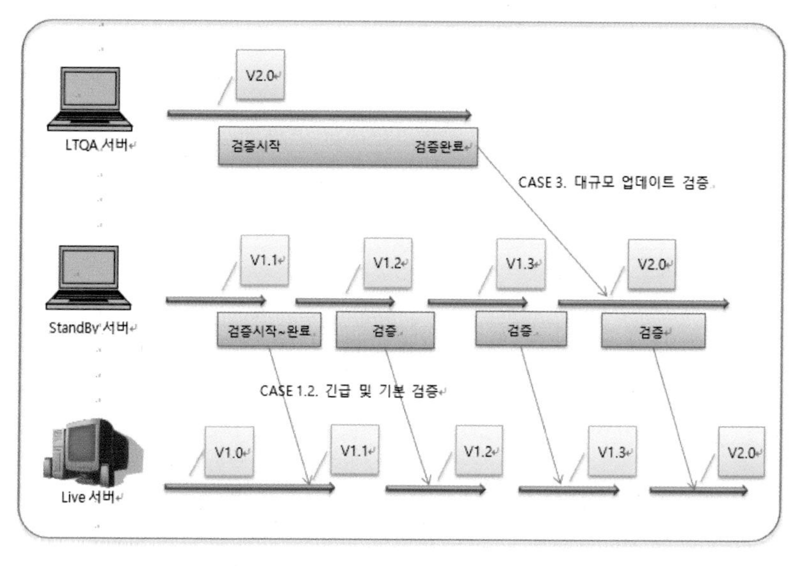

테스트 서버와 라이브 서버와 업데이트 관계

로 구성됩니다. 예를 들어 접속 후 캐릭터가 만들어지는지, 결제가 되는지, 구매가 되는지, 던전 입장이나 사냥은 되는지, 길드는 만들어지는지 등 가장 기본 중에 기본이 되는지를 테스트합니다.

실컷 빌드 테스트를 끝냈는데, 결제가 안되거나 결제 후 구매가 안되거나 하는 등의 일이 발생하면 빌드를 새로 받아야 합니다. 이 부분을 수정한 새 빌드를 받았을 때, 앞서 했던 빌드노트 테스트를 안할 수도 없는 노릇입니다. 이런 일이 발생하지 않도록 BVT를 진행합니다.

TestCase 작성 예시를 소개하니 참고해주기 바랍니다.

Full QA는 게임 전체를 테스트하는 QA입니다.

Full QA는 주요 마일스톤 때마다 실시합니다.

Full QA는 다양한 버그를 찾아내는데, 이 중 S급 치명적인 버그가 하나라도 있으면 서비스가 불가능합니다. A급 버그가 있는 경우에도 때에 따라서는 서비스 불가입니다.

구분	TC 항목	TC 합격율	테스트 특이사항
Pass	0		
Fail	0		
NA	0	TC 수행율	■
NT	0		
합계	0		

idx	대분류	중분류	테스트 조건	실행 순서	기대결과
1	실행/접속	실행	실행	어플리케이션 > 실행	실행 가능
2	실행/접속	접속	로그인	실행 > 로그인 (구글/게임센터)	계정 연동/접속
3	실행/접속	게임 입장	게임 시작	로그인 > 게임 화면	게임 입장 (기존/신규 서버)
4	게임 정보	튜토리얼	튜토리얼 진행	튜토리얼 > 이용약관	튜토리얼 정상 진행 및 약관창 팝업
5	게임 정보	길드	길드 가입/창설	길드 > 길드 가입/창설	길드 정상 가입/창설
6	게임 정보	아이템	아이템 구매	상점 > 아이템 구매 > 인벤토리	인벤토리 획득
7	게임 정보	던전	던전 입장	던전 > 전투 입장	던전 입장 가능
8	게임 정보	캐릭터 생성	캐릭터 생성	로비 > 캐릭터 생성	캐릭터 생성 가능
9	결제	골드팩	골드팩 구입	도시 > 이벤트 아이콘 > 골드팩	골드팩 정상 구입 및 사용
10	결제	특별 패키지	특별 패키지 구입	골드 아이콘	특별 패키지 정상 구입 및 사용
11	설정	계정	계정 정보 노출	설정 > 계정	계정 정보 정상 노출
12	설정	서버변경	서버 노출 및 변경	설정 > 서버	서버 목록 정상 노출 및 변경 가능
13	설정	로그아웃	계정 로그아웃 및 재시작	설정 > 계정 > 로그아웃	계정 로그아웃 및 재시작 정상 진행

BVT TestCase 문서 예시

구분	증상	상세
S급	– 게임 실행이 불가능하다. – 게임 실행에 치명적인 영향을 준다. – 게임 수익에 불리한 영향을 준다.	– 유저의 환경에 손상을 준다. – OS와 충돌하거나 PC가 다운된다. – 유저가 게임에 로그인할 수 없다. – 게임을 실행할 수 없다. – 결제나 과금이 되지 않는다.
A급	– 게임 실행은 가능하지만, 중요 기능의 구현이 불가능하다.	– 게임의 중요 기능이 실행되지 않는다. – 게임의 중요 기능이 기획서와 다르다. – 주요 게임기능이 동작하지 않는다.
B급	– 게임에 경미한 영향을 준다. 게임 플레이에 영향은 없으나, 그 오류현상이 자주 발생한다.	– 일부 부차적 기능의 미구현 – 유저의 플레이에 반복적인 오류가 나타남
C급	– 각 주요 기능의 구현과 정상적인 게임 플레이에 영향을 주지 않는다.	– 일부 그래픽 버그 또는 문자의 오타 – 유저 플레이에 영향 주지 않는 경미한 버그 – QA의 결과는 버그를 확인함으로써 빌드의 안정성을 확보해줍니다.

〈버그 등급표〉

QA 과정에서 발생한 버그는 BTS(Bug Tracking System)를 통해 관리합니다.

BTS에 등록된 이슈(버그)가 누군가에게 할당됩니다. 담당자는 수정하고, 다시 테스트한 결과 문제없다면 이슈는 폐쇄합니다.

QA는 기획서를 기반으로 진행하며, QA 결과로 얼마나 버그가 남아있는지 리스크 수준을 알 수 있고, BTS에서 주요 버그 상태를 추적/관리할 수 있습니다. 버그 등급표를 기준으로 남아있는 버그의 리스크 수준을 확인합니다. 버그 수준이 컨트롤 가능한 범위 내라면 서비스를 진행합니다. 오타 버그가 있다고 서비스를 안하진 않으니까요.

Full QA를 하기 전에는 얼마나 안정된 빌드인지 알 수 없습니다. 이런 불확실한 상태에서 서비스를 진행하는 것은 모험입니다. 위험 수준을 알 수 있다는 것이 QA의 가장 큰 장점입니다. 주로 문제 된 부분에서 또다시 문제가 되는 경우가 많습니다. 기존에 발생 된 주요 버그를 다시 확인하는 것을 회귀 테스트라고 합니다. 이렇듯 QA 종류도 다양합니다.

게임 전체를 살펴보는 Full QA, 패치 내용 중심의 패치 테스트, 기존 버그를 다시 확인하는 회귀 테스트, 빌드 유효성을 살펴보는 BVT, 이 외에도 밸런스에 영향을 주는 부분이 업데이트에 포함되면 기존 밸런스와 비교해보는 밸런스 테스트 등이 있습니다.

예를 들어 신규 던전과 보스가 업데이트된다고 가정을 하고, 밸런스 테스트를 진행하는 과정을 알아보겠습니다.

기존의 던전 클리어 타임이 보통 1~2분 내외라고 가정할 때, 신규 던전도 비슷한 시간대에 클리어가 이뤄져야 합니다. 신규 보스가 주는 아이템의 드롭률과 신규 아이템의 능력치도 기존 아이템과의 밸런스가 중요합니다.

유저의 타입은 위에서 말한 바와 같이 강한, 중간, 약한 클래스가 있습니다. 테스터의 장비 세팅도 강, 중, 약으로 비슷하게 세팅하는 것이 좋습니다.

강한 장비 세트는 1분 초반, 약한 장비 세트는 2분 내외 클리어하는 정도가 되면 밸런스가 맞다고 볼 수 있습니다. 유저와 동일한 전투력 수준으로 테스트를 합니다.

보스의 아이템 드롭률은 던전에서 계속 보스를 소환해 가면서 죽이는 방법도 있고, 던전 입장부터 반복해서 클리어하는 방법도 있습니다. GM 전용 무기로 한 방에 죽이거나, 전용 스킬로 죽이거나, 치트명령어(Target kill)로 죽이는 방법 등 여러 가지가 있습니다.

무기는 아이템이므로 아이템 테이블에 정해진 수치로 생성이 되지만 아이템 능력으로 적용받기 때문에 세밀하게 공격력을 조정하기 어렵습니다. 그래서 치트명령어를 이용해 GM 캐릭터의 스탯(힘, 지능, HP, MP 등의 캐릭터 상태 값)을 조정합니다. 이러면 쉽게 공격력을 수정할 수 있습니다. 방어력이나 HP 등의 수치도 캐릭터 스탯으로 조정하는 경우가 많습니다.

보통 20~30회 반복확인하면 어느 정도 체감 드롭률인지 확인합니다.

그 외 반복 테스트로 확인할 사항들

- 레어 아이템의 드롭률 문서 확인
- 실제 사냥을 통한 드롭률 일치 여부 확인
- 신규 레어 아이템의 능력치 및 변화된 전투력 확인
- 세트 아이템의 경우, 세트 효과 및 착용 이미지 확인
- 신규 아이템의 능력치 밸런스 확인

신규 던전의 보스 아이템은 기존 아이템보다 능력치가 뛰어납니다. 그래야 아이템을 파밍하고 싶은 의욕이 생깁니다. 던전 난이도에 비해 아이템 능력치가 떨어져도 문제가 됩니다. 또 신규 레어 아이템의 능력치가 너무 강하면 밸런스가 무너지고, 너무 약하면 기대보상이 약하므로 비난받습니다. 밸런스를 정확히 찾는 것이 기술입니다.

유저가 부러워하는 GM의 능력

캐릭터를 조정하는 방법으로는 보통 2가지가 있습니다. 하나는 치트명령어를 통해 능력치를 조정합니다. 치트명령어는 GMtool에 비해 다양하지가 않습니다. 잘못된 치트명령어 입력으로 서버가 다운되는 경우도 종종 있어

서, 테스터에게 제공되는 경우 치트명령어는 안전한 범위 내에서만 제공됩니다. 개발자는 개발 특성상 더 다양한 치트명령어를 사용해야 하므로 개발자 치트와 테스터 치트가 다르게 제공되어 테스터 입장에선 종종 불만을 갖기도 합니다.

또 하나는 GMtool입니다. 에디팅 툴로 별도의 프로그램 또는 웹페이지에서 조정을 합니다. 돈, 스탯, 경험치, 레벨, 아이템 등 대부분의 상태 값을 조회 가능하고, 대부분 에디팅도 가능합니다.

돈을 수십억 지급할 수도 있고, 레벨을 만렙으로 만들 수도 있습니다. 유저가 꿈꾸는 대부분이 가능한 GMtool 입니다.

만렙에 풀강화된 최강 세트 아이템으로 도배한 GM 캐릭터, 거기에 상상을 초월한 스탯치까지 본다면, GM 캐릭터가 꽤 근사해 보일 것 같습니다.

게임회사는 크게 개발, 론칭, 운영으로 나뉘는 것으로 말씀드렸습니다.

누군가의 머리에서 시작된 개발 제안서가 문서화 되고, 여러 가지 심사를 거쳐 개발에 착수합니다. 개발팀은 프로그래밍 언어로 구현될 수 있도록 기획서를 작성하고, 그래픽 디자이너와 함께 세계를 구축합니다. 중요 마일스톤 과정을 거쳐 퍼블리셔와 출시계약을 맺고, 빌드를 완성합니다. 이렇게 만들어진 게임으로 시장에서 가장 좋은 성과를 내기 위해 분석하고, 공략지점을 결정하고, 예산을 들여 광고하고 홍보자료도 냅니다. 최대한 매력적인 게임으로 보이도록 잘 포장합니다. 게임이 서비스되면 운영팀은 게임이용에 불편이 없도록 CS를 잘 처리하고, 유저 동향을 파악해서 다음 업데이트에 반영합니다.

1. 매출

매출 계산은 대략 3가지로 나뉩니다.

첫째, 개발사가 직접 개발도 하고 퍼블리싱도 진행합니다.

둘째, 개발사는 개발만 하고, 퍼블리셔가 퍼블리싱을 진행합니다. 개발사와 수익을 나누겠지요.

셋째, 개발사는 개발하고, 퍼블리셔는 카카오톡을 통하여 퍼블리싱합니다. 이때는 개발사와 퍼블리셔, 카카오톡이 수익을 나눠야 합니다.

이 중 개발사가 직접 퍼블리싱하는 경우와 카카오톡을 통해 퍼블리싱할 때 매출을 알아보겠습니다.

	May–18	Jun–18	Jul–18	Aug–18	Sep–18	Oct–18	Nov–18	Dec–18
MAU (월간 활동 유저)	100,000	150,000	200,000	200,000	200,000	200,000	200,000	200,000
과금율 (결제비율)	5.00%	5.00%	5.00%	5.00%	5.00%	5.00%	5.00%	5.00%
ARPPU (월평균결제액)	30,000	30,000	30,000	30,000	30,000	30,000	30,000	30,000
예상매출 / 월	150,000,000	225,000,000	300,000,000	300,000,000	300,000,000	300,000,000	300,000,000	300,000,000
PG공제 (30% 공제)	45,000,000	67,500,000	90,000,000	90,000,000	90,000,000	90,000,000	90,000,000	90,000,000
순수입	105,000,000	157,500,000	210,000,000	210,000,000	210,000,000	210,000,000	210,000,000	210,000,000

〈개발사가 직접 퍼블리싱하는 경우〉

초반부터 공격적인 마케팅을 실시하여 서비스 3개월 차부터 월간 활동유저(MAU)가 5만 명을 달성할 것으로 예측해 보았습니다.

여기에 결제비율 5%에 월평균결제금액 100,000원으로 계산했습니다.

5만 명 중 5%인 2,500명이 평균 매월 100,000원씩 결제하므로 월간 총매출액은 2.5억 원입니다.

이 중 30%인 7,500만 원은 구글플레이스토어나 애플마켓 수수료입니다.

그것을 뺀 나머지 금액 1억 7,500만 원이 월 수익금이 됩니다.

개발사가 직접 퍼블리싱하는 경우 순수익은 전체 매출의 70%입니다.

다음은 카카오톡 수수료를 포함하고, 개발팀과 퍼블리셔가 비율을 나눈다고 가정했을 때의 매출표입니다. 결제비율과 월간 활동유저(MAU)는 동일한 것으로 표시하였습니다.

총 매출에서 30%는 구글 또는 애플이 결제 수수료로 가져가는 금액으로 이 금액은 위에서 보았던 내용과 동일합니다. - ①

우리나라는 애플보다 구글 플랫폼 이용 비율이 더 높습니다.

	May-18	Jun-18	Jul-18	Aug-18	Sep-18	Oct-18	Nov-18	Dec-18
MAU (월간 활동 유저)	30,000	40,000	50,000	50,000	50,000	50,000	50,000	50,000
과금율 (결제비율)	5.00%	5.00%	5.00%	5.00%	5.00%	5.00%	5.00%	5.00%
ARPPU (월평균결제액)	100,000	100,000	100,000	100,000	100,000	100,000	100,000	100,000
예상매출 / 월	150,000,000	200,000,000.	250,000,000	250,000,000	250,000,000	250,000,000	250,000,000	250,000,000
PG공제 ❶ (30% 공제)	45,000,000	60,000,000	75,000,000	75,000,000	75,000,000	75,000,000	75,000,000	75,000,000
1차 수입 (70%)	105,000,000	140,000,000	175,000,000	175,000,000	175,000,000	175,000,000	175,000,000	175,000,000
카카오공제 ❷ (70%*30%=21%)	31,500,000	42,000,000	52,500,000	52,500,000	52,500,000	52,500,000	52,500,000	52,500,000
플랫폼 제외 순수입(49%) ❸	73,500,000	98,000,000	122,500,000	122,500,000	122,500,000	122,500,000	122,500,000	122,500,000
개발사 로열티 (3:7) ❹	22,050,000	29,400,000	36,750,000	36,750,000	36,750,000	36,750,000	36,750,000	36,750,000
퍼블리셔 순수입 ❺	51,450,000	68,600,000	85,750,000	85,750,000	85,750,000	85,750,000	85,750,000	85,750,000

〈퍼블리셔가 카카오톡을 통해 퍼블리싱하는 경우〉

카카오톡 플랫폼을 이용할 때는 구글이나 애플 수수료를 제하고 남은 70% 금액에서 다시 30%를 카카오톡 플랫폼 수수료로 지불합니다. 즉, 총 매출 대비 21%의 비용을 지불합니다. - ②

그럼 총 매출에서 구글, 애플과 카카오톡 플랫폼 비용을 모두 제하고 남은 49%를 얻을 수 있습니다. - ③

대형 개발사를 제외하면 자체적으로 개발과 퍼블리싱을 진행하는 회사가 많지 않습니다.

이유는 게임을 개발하는 개발팀과 론칭과 운영을 담당하는 퍼블리싱팀의 일이 전혀 다릅니다. 이러면 인건비 압박이 심해집니다. 대형 개발사는 게임이 계속 출시가 되기 때문에 게임이 망했다고 인력을 내보내고, 새로운 게임이 출시된다고 새로 뽑지 않습니다. 기존의 인력을 계속 로테이션하는게 인력 수급과 숙련도 측면에서 도움이 됩니다. 하지만 작은 회사는 게임 하나 또는 둘 정도에 사활을 걸고 있습니다. 만약 3억 원의 자금으로 개발회사를 운영한다고 할 때 불필요한 인건비를 줄여 개발 기간을 확보하는 것이 훨씬 더 유리합니다. 전체적인 안정성을 높일 수 있고, 디테일을 더 살펴보면서 게임 완성도를 올릴 수도 있습니다. 이러한 이유로 대형 개발사를 제외하고는 대부분 개발사와 퍼블리셔의 형태로 존재합니다.

퍼블리셔는 개발사로부터 게임의 판매권리를 사서 게임시장에 출시합니다. 개발사와 판매계약 조건에 따라 개발사와 수익을 나눕니다. 수익을 나누는 비율은 1:9에서 4:6 정도로 정해지며, 게임의 인지도나 개별 조건에 따라 조금씩 다릅니다.

만약 3(개발사):7(퍼블리셔)로 나눴다고 가정하면, 개발팀이 전체 매출 100%에서 대략 15%를 가져갑니다. - ④

마지막으로 퍼블리셔는 최종적으로 전체 매출 100%에서 34%의 이익을 얻습니다. 즉, 1억 원을 벌었다면 3,400만 원 정도가 퍼블리셔의 순이익이 됩니다. - ⑤

만약 총매출 100억을 벌었다 해도 개발사는 겨우 15억의 수익만을 갖습니다. 또한 퍼블리셔는 34%의 수익을 갖습니다. 이것으로 인건비, 마케팅 비용, 서버비용 등을 빼고 나면 모바일게임 시장이 만만치 않은 시장이라는 것을 알게 됩니다.

2. 게임 서비스 종료

게임이 론칭되는 초반에는 공격적인 광고를 합니다. 초기 모집된 유저 수에 따라 게임의 성공이 결정되는 경우가 많습니다. 초기에는 게임 서비스 대응도 빠르고, 업데이트 소식도 자주 들려오지만, 시간이 지남에 따라 점점 유저와 매출이 줄어듭니다. 게임사는 계산기를 두드리며 고민에 빠집니다. 결국 게임은 언젠가 서비스가 종료될 수밖에 없습니다.

우리는 게임 서비스가 종료되기 전에 다른 게임으로 이동합니다. 사람이 적어지면 그만큼 재미도 없어지고, 다른 사람과의 매칭도 잘되지 않습니다. 그래서 보통은 게임 서비스 종료 현장을 쉽게 경험하지 않습니다만, 그 게임을 정말 좋아해서 종료까지 남아 있는 유저도 어느 정도 있습니다.

매년 서비스 종료하는 게임은 수십 종류에 달합니다.

게임사 입장에서도 서비스 종료는 극약처방과 같은 최후의 수단입니다.

서비스를 종료함으로써 개발사가 얻는 이익은 무엇일까요?

우선 서버 비용이 절약됩니다. 신규 게임을 개발하거나 서비스를 시작하기 위해서는 물리적인 서버 기기가 필요합니다. 서비스를 종료함으로써 서버를 다른 용도로 재활용할 수 있습니다. 또한 인력 자원을 활용할 수 있습니다. 게임을 유지하기 위해서는 서버/운영 관리자가 필요합니다. 결과적으로 서버 비용과 인력 비용이 늘어나 게임 서비스를 유지할수록 손해가 된다면 서비스를 종료하게 됩니다.

이러한 게임 서비스 기간과 종료를 평균적인 수치로 살펴보겠습니다.

2016년에는 70여 개의 온라인게임이 종료하였습니다. 이들의 평균 서비스 기간은 41개월 정도로 나타났습니다. 이 중 10년 이상 서비스된 초장기 게임 3개 타이틀(『천년』 16.6년, 『팡야』 12년, 『퍼피레드』 13년)이 눈에 띄었습니다.

10년 이상 장수한 게임을 구체적으로 살펴보겠습니다.

『천년』(액토즈소프트) 2000년~2016년 5월 17일

2000년에 서비스를 시작해 16년간 서비스해온 초장수 게임이 종료되었습니다. 인터넷으로 살펴보니 특이하게도 현재 2개 이상의 사설 서버가 검색되고 있습니다. 아마도 기존에 유출된 소스를 활용해서 개인이 서비스하는 것으로 보입니다. 공식 서비스는 종료됐지만, 비공식 서비스는 계속되고 있는 특이한 사례입니다.

『팡야』(엔트리브소프트) 2004년 6월 29일~2016년 8월 29일

초창기 골프 게임 중 가장 오래되었고 골프 게임 중 가장 성공한 게임입니다.

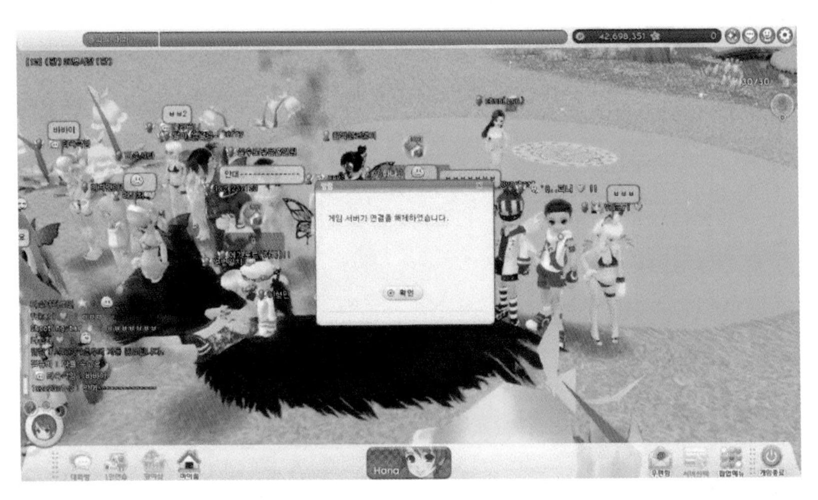

장장 12년 이어온 『팡야』 서비스 종료 마지막 순간 bjt1**** 님 영상에서 캡쳐한 화면

『팡야』 온라인은 종료했지만, 『팡야 모바일』로 동남아 11개국에서만 부활했습니다. 국내 서비스는 미정인 상태입니다. 기사에 따르면 순차적으로 서비스 지역을 넓힌다고 하니 국내에도 곧 서비스가 시작될 것으로 예상됩니다. 이 책이 나올 시기엔 서비스가 시작됐을 지도 모르겠습니다.

『퍼피레드』(트라이디 커뮤니케이션) 2003년~2016년 8월 19일

10년 이상 게임서비스를 하다보면 누군가의 인생 게임이 되듯이, 일하는 직원에게도 인생 게임이 되기도 합니다. 서비스 종료 메시지에 절제된 안타까움이 엿보여 소개합니다.

안녕하세요 퍼피레드입니다
금월 8월 19일자로 퍼피레드 사이트의 서버의 접속이 차단될 예정임을 미리 공지드립니다
유저분들이 많이 기다리시는 걸 알면서도 좋은 소식으로 인사드리지 못해 죄송합니다

2010년 이후부터 모바일 게임이 기하급수적으로 늘어나면서 퍼피레드의 접속자수는 감소하였고
퍼피레드에 투입되는 운영비나 서버비가 수익을 넘어선지는 이미 꽤 오랜 시간이 되었습니다.
회사 재정이 어려운 상황이지만 잊지 않고 방문해주시는 유저분들의 관심에 보답하고자
그동안 퍼피레드를 만들었던 개발자들의 재능기부나 사비를 투자하여 사이트를 유지하였습니다.
하지만 누적 적자가 심화되어 더이상 개인이 부담하기에 불가능한 상황이 되었습니다.

2003년 11월 퍼피레드를 오픈하여 13년이라는 시간동안
퍼피레드는 개발자에게나 유저분들에게 단순한 게임을 넘어 분신같은 의미였습니다
더 좋은 서비스로 발전시키지 못해 좋지 않은 모습으로 마지막 인사를 드리게 되어 진심으로 사과드립니다
하지만 이 결정을 내리기까지 퍼피레드 관계자들은 주어진 시간과 능력내에서
퍼피레드를 유지하기 위해 최선을 다했으며 심사숙고를 통해 이러한 결정을 내린점 양해 부탁드리겠습니다

사랑하는 퍼피레드 유저 여러분.
그동안 퍼피레드에 보내주신 넘치는 사랑과 관심에 다시 한번 머리숙여 감사드리며
여러분의 마음속에도 퍼피레드가 반짝거리는 추억으로 자리잡아 영원히 기억되길 기원합니다
언제 어디서든 건강하시고 행복하세요.

『퍼피레드』를 검색해보니 아래 링크가 보였습니다.

https://secure.avaaz.org/kr/petition/peopiredeu_buhwal_undong_peopiredeu_4000man_buhwal_seomyeong_undong_1/?cEWZUlb

(『퍼피레드』 부활 청원운동)

퍼피레드 부활 운동: 퍼피레드 3000명 부활 서명 운동

6,636명이 서명했습니다. 목표는 7,500

이것이 왜 중요한가

나만의 가상 현실 세계를 만들 수 있었던 "퍼피레드"라는 게임을 아시나요?

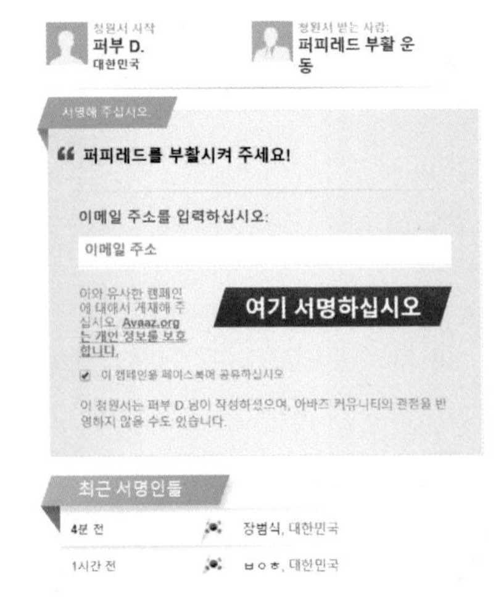

대부분 유저들은 서비스 종료 이후에 다른 게임을 찾아 떠나는데, 아직도 최근 글이 계속 이어지고 있습니다. 서비스 종료는 욕이 대부분 도배되지만, 『퍼피레드』는 종료되는 게임답지 않게 따뜻한 느낌이 났습니다.

서비스 기간이 길었던 만큼 많은 유저의 인생게임이었던 것 같습니다.

*『퍼피레드』 마지막 공지에 뭔가 여운이 계속 남아 이유를 곰곰이 생각해봤습니다. 보통 서비스 종료 메시지에는 다음에 좋은 게임으로 다시 만나자는 의미가 내포되거나 상투적인 느낌이 드는데, 이 공지에는 그런 느낌이 없습니다. 정말 이번이 마지막인 분들의 메시지로 들렸던 것 같습니다.

2017년 종료된 게임도 70여 개가 있었습니다. 평균적으로 보면 2016년보다 수명이 더 짧아졌습니다.

『원더킹 Ver.2』를 포함하면 10년 가까이 서비스해온 『원더킹 온라인』과 웹게임 장르로는 드물게 7년이나 된 『웹삼국지』 등이 눈에 띄었습니다. 평균 29.5개월 서비스를 지속하다가 종료하였습니다.

2016년의 41개월과 2017년의 29.5개월 차이는 평균으로 계산된 결과로 볼 때 대단히 큰 차이입니다. 이것은 2016년부터 게임사와 유저 모두 급격히 모바일게임으로 이동한 결과로 예측됩니다. 오래된 게임은 빨리 접고, 모바일게임 체제로 전환이 빨라졌습니다.

모바일게임의 종료 양상에 대해서도 살펴보겠습니다.

2017년 모바일게임 종료를 잘 정리한 기사가 있으니, 참고해보는 것이 좋겠습니다.

http://www.hungryapp.co.kr/news/news_view.php?pid=64434

헝그리앱의 [MOBILE] [기획] 2017년 상반기 모바일게임 서비스 종료 141개 이상

(출시일을 기준으로 2009년 1개, 2012년 6개, 2013년 5개, 2014년 11개, 2015년 36개, 2016년 73개, 2017년 9개로 2016년에 출시된 게임의 서비스 종료 비중이 51%다. 이는 모바일게임의 평균 수명이 1년이라는 증명하는 사례로 판단할 수 있다.)

눈여겨볼 사항은 모바일게임의 평균 수명이 1년이라는 것입니다.

이중 서비스 종료된 게임 중 인상적인 모바일게임 2개를 소개하고자 합니다.

『홈런배틀 3D』(컴투스)

2009년 6월 17일에 출시되어 2017년 3월 23일 서비스 종료되었습니다. 2005년에 피처폰용으로 발매되었던 『2006 홈런왕』을 리메이크하여 2009년에 컴투스에서 만든 모바일게임입니다. 타이밍 맞게 배트를 휘둘러 홈런

레이스를 펼치는 게임인데, 배트 등의 장비를 구입할 수록 홈런을 더 잘 때릴 수 있습니다. 초창기 모바일게임으로 호쾌한 타격음과 깔끔한 그래픽으로 짧게 한판씩 플레이하기 좋은 게임입니다. 7년이나 서비스한 장수게임.

『다함께 차차차』 (넷마블)

2012년 12월 31일 출시되어 2017년 1월 26일에 서비스 종료되었습니다. 정해진 연료량으로 다른 차들을 피하면서 최대한 멀리 가면 됩니다. 체크포인트를 지날 때마다 시간이 회복되어 더 멀리 갈 수 있지만, 다른 차와 부딪히면 속도가 확 줄어 체크포인트를 지날 수 없게 되면서 게임오버됩니다. 2009년 PSP로 출시된 미니게임 『스트레스 팍! 레이싱(スッキリ！レイシング)』과 상당히 비슷해 표절 의혹이 있었지만, 꿋꿋하게 서비스를 이어갔습니다. 다이나믹한 움직임과 속도감으로 상당한 인기를 끌었던 초창기 모바일게임입니다. 애니팡과 함께 모바일게임 붐에 큰 영향을 미쳤던 게임입니다.

게임들의 서비스 기간을 보면 모바일게임은 보통 12개월 정도 서비스를 이어가고, 온라인게임은 보통 30~40개월 서비스를 이어 갑니다.

하나의 게임의 플레이를 지속하는 기간은 이전 그래프에서 살펴본 대로 온라인게임 10개월, 모바일게임 4개월입니다. 평균적으로 게임회사는 서비스 시작 직후 큰 매출 상승을 이루고, 일정 기간동안 평균 매출을 기록합니다. 이후 정점을 찍은 이후에는 유저 감소와 매출감소를 지켜내다가 서비스 개시 이후 온라인게임 30개월 지점, 모바일게임 12개월 지점 정도에서 서비스를 종료합니다.

이것이 우리가 플레이하는 게임들의 평균적인 결말입니다.

게임은 환상적인 재미와 짜릿한 경험을 제공해주지만, 서비스 종료는 정해진 수순입니다. 재밌게 플레이할 때는 이 게임이라는 작은 세상이 언제까지고 계속 이어질 것처럼 느껴지지만 생각보다 빨리 사라집니다. 물론 게임 속 작은 사회에서 얻어낸 모든 노력과 실력, 결과물도 같이 사라지지요. 게임에 빠져있을 때는 이런 결과를 모를 때가 많습니다. 게임에 깊이 빠져있어도 나중에 사라질 것을 알 때도 있지만, 지금의 재미가 더 만족스러워 게임을 계속하게 됩니다.

게임을 할 때는 돈이나 아이템, 기록, 컬렉션 등을 모으려고 노력을 많이 하지만, 흥미를 잃으면 더는 쳐다보지 않습니다. '그동안 덕분에 재밌었다.' 하고는 모두 버리고, 다른 게임으로 이동합니다. 다른 게임도 처음에는 열심히 하다가 흥미를 잃고, 또 다른 게임으로 이동합니다. 그동안 공들인 에너지와 시간은 그때그때 느끼는 순간의 재미와 함께 사라지고 맙니다.

2부에서는 게임이 만들어지는 과정, 시장에 출시하기 위한 전략과 운영 과정을 살펴보았습니다. 조금 자세히 적은 이유는 무엇보다 회사일이라는 것이 각 단계마다 수익을 더 많이 얻겠다는 공통된 목적과 이 목적을 달성하기 위한 세부목표로 설계되어 있다는 것을 보여드리고 싶었습니다.

이중에서도 강조드리고 싶은 것은 지피지기에 해당되는 SWOT 모델과 세부목표를 설계하는 습관입니다. 회사에서는 작업 단계마다 목표를 가지고 나아갈 길을 점검하면서 일을 진행합니다. 즉, 지피지기는 지금 내 모습을 객관적으로 아는 것이고, 더 잘 되기 위해서는 우리가 어느 방향으로 가야할지 목표를 정하는 것입니다.

3

게임과 중독

심리학자 슐러(Suler)는 게임중독 발생원인을 좌절된 욕구와 연관하여 이렇게 진단했습니다.

'게임중독은 현실에서 도달할 수 없는 자신의 지위를 게임이라는 가상현실에서 실현하는 행위입니다. 현실에서의 좌절을 벗어나기 위해 인터넷이나 게임을 통한 허위-자기실현(Pseudo self actualization)을 합니다. 하지만, 이것은 청소년기 동안에만 유효한 지위일 것입니다.'

이렇게 슐러는 자기실현에서 좌절을 겪는 사람들이 인터넷 게임중독에 잘 빠지게 된다고 설명하고 있습니다.

청소년기의 좌절된 욕구를 게임에서 실현하지만, 이는 청소년기에만 유효한 허위-자기실현이 되어 버립니다. 이로 인해 오히려 진짜 현실에서의 자기실현이 더 어려워지게 되는 아이러니가 발생합니다.

우리는 게임을 통해 가짜 자기실현을 얻었지만, 진짜 자기실현에 필요한 시간을 잃고 있는 것입니다.

게임 속에서 좋은 장비의 전사, 마법사로 상당한 인기를 가지고 있더라도, 뛰어난 실력으로 라인전과 한타에서 팀에게 승리를 가져다주더라도, 탁월한 생존가가 되어 경쟁자를 모두 물리치고 혼자 살아남는 영광을 누리더라도, 로그아웃과 함께 사라지고 마는 가짜 나의 모습입니다.

현실에서 가질 수 없는 재미와 만족감을 게임 속에서 대신 느끼고 있는 것입니다.

이것은 반대로 현실에서 그러한 만족감을 느끼고 싶다는 욕구가 잠재되어 있고, 게임을 좋아한다는 것은 그만큼 욕구에 대한 갈증이 크다는 것을 의미합니다. 가상세계에서 이루고 있는 가짜 자기실현이 있다면 반대로 현실에 진짜 자기실현이 있을 것입니다.

게임에서 만족하는 재미들을 게임이 아닌 현실에서 만족하는 방법이 게임에서 벗어나는 길이 될 겁니다.

먼저 평균적으로 얼마나 많은 시간을 게임플레이에 쓰고 있는지 콘텐츠진흥원의 2017게임이용자실태조사보고 자료를 살펴보겠습니다. 평균치를 측정하는 것이므로, 더 많이 플레이하는 사람도 있고, 더 적게 플레이하는 사람도 있을 겁니다. 보통 유저층을 살펴보면 가볍게 플레이하는 사람들이 더 많습니다. 그런데도 평균 플레이시간이 상당히 높게 나타났습니다. 이는 많은 분이 게임중독이라고 할 수 있을 만큼, 오랜 시간 플레이하는 사람들이 상당히 많다는 것을 알 수 있습니다.

게임 평균 이용시간과 게임에 투자되는 시간 대비 생산성 측면으로 살펴볼 예정입니다. 그리고 게임으로 인해 부모님과 발생하는 여러 가지 갈등사례를 소개합니다.

게임중독이 발생하는 원인을 자세히 들여다보면 '게임중독에 빠지는 것은 당연한' 결과라는 것을 알게 됩니다.

1. 게임 플레이 시간

콘텐츠진흥원의 2017게임이용자실태조사보고를 통해 유저의 게임 이용 패턴을 알아보겠습니다.

온라인게임을 하는 유저는 대체로 주중 70분, 주말 120분 정도의 시간을 플레이합니다.

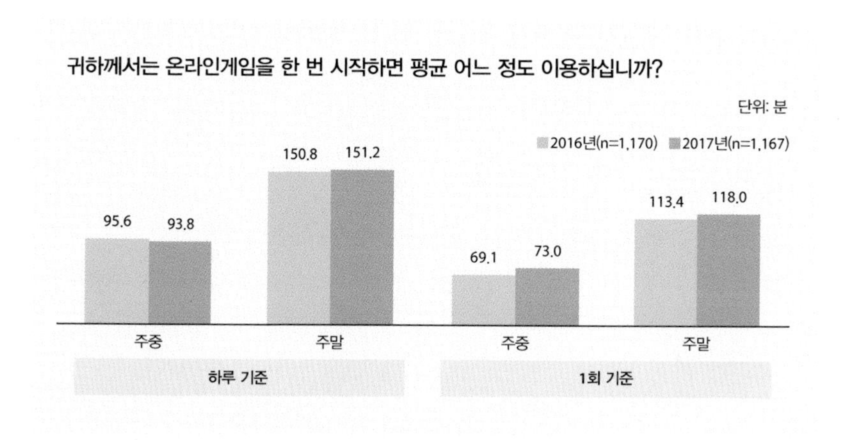

온라인게임 이용 시간, 2017게임이용자실태조사보고, 콘텐츠진흥원

보통 주중 평균 1시간 30분, 주말 평균 2시간 30분 정도 온라인게임을 이용하고 있습니다.

주중과 주말을 모두 합쳐 평균으로 계산해보면 하루 약 100분 정도의 플레이 시간을 갖습니다.

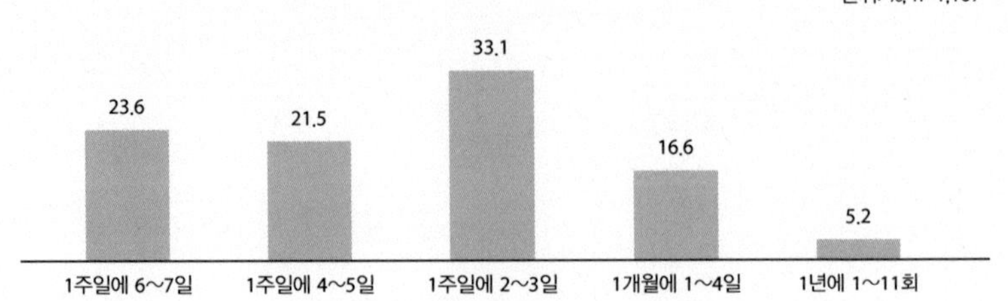

온라인게임 이용 빈도, 2017게임이용자실태조사보고, 콘텐츠진흥원

여기에 일주일에 평균 4일 정도 플레이를 합니다.

그렇다면 1년에는 약 350시간 정도 온라인게임을 이용하고 있습니다.

다음은 온라인게임의 이용지속시간과 주기를 살펴보겠습니다.

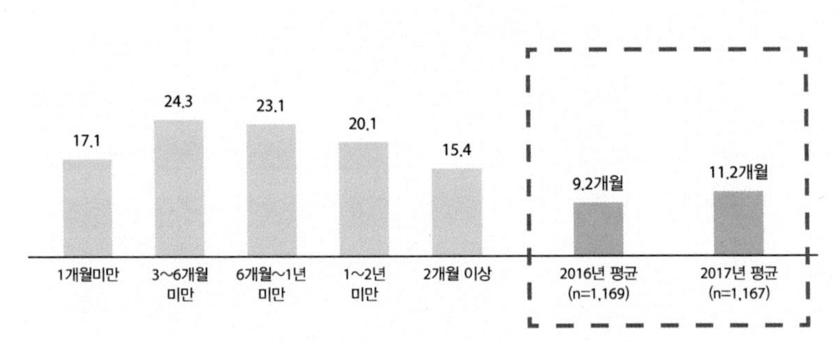

모바일게임 이용 지속시간, 2017게임이용자실태조사보고, 콘텐츠진흥원

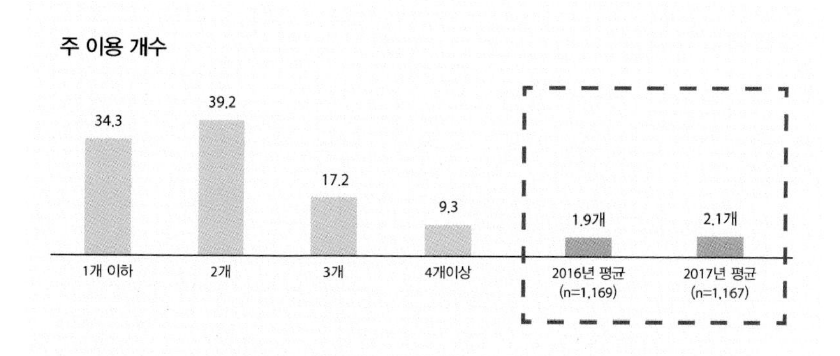

온라인게임 이용 개수, 2017게임이용자실태조사보고, 콘텐츠진흥원

2016년과 2017년을 종합해보면, 1개의 온라인게임을 평균 10개월 정도 플레이합니다. 1년에 2개 정도의 온라인게임을 하는 것으로 나타났습니다. 온라인게임의 경우 플레이가 중단되지 않고 다른 게임으로 계속 이어진다고 볼 수 있습니다.

온라인게임의 이용형태를 정리해보면 이렇습니다.

대체로 온라인게임 이용자는 평균적으로 1년 내내 플레이하고 있으며, 일주일 평균 4일 정도 플레이하고, 평균이용시간은 1주일에 6.7시간(400분)이며, 1년이면 대략 350시간 플레이합니다. 10개월에 한 번 정도 다른 게임으로 이동해서 계속 플레이하고 있습니다.

이제 모바일게임의 이용형태를 살펴보겠습니다.

보통 주중 평균 1시간 20분(80분), 주말 평균 1시간 40분(100분) 정도 모바일게임을 이용하고 있습니다.

주중과 주말을 합쳐 하루 평균 86분 정도의 플레이 시간을 갖습니다.

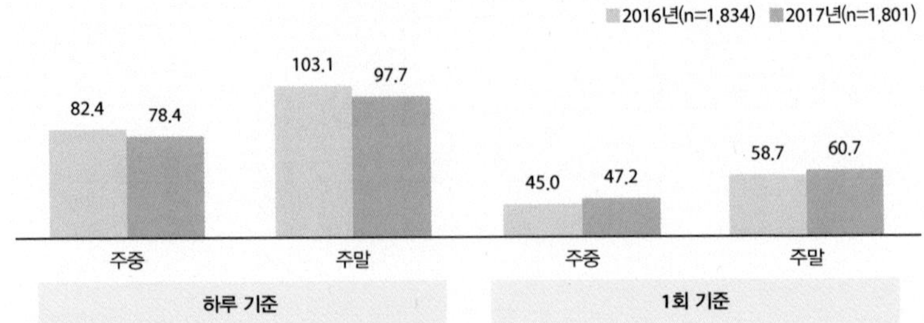

모바일게임 이용 시간, 2017게임이용자실태조사보고, 콘텐츠진흥원

모바일게임은 이용빈도에 있어 온라인게임보다 더 자주 플레이하는 것으로 나타났습니다. 아무래도 모바일이 플레이하기가 더 편리하기 때문입니다.

대략 일주일에 보통 5일 정도 플레이합니다.

그럼 1년에 평균 373시간 정도 모바일게임을 플레이합니다.

평균 1회 플레이 시간은 온라인게임이 더 높지만, 더 자주 플레이하는 것은 모바일게임입니다.

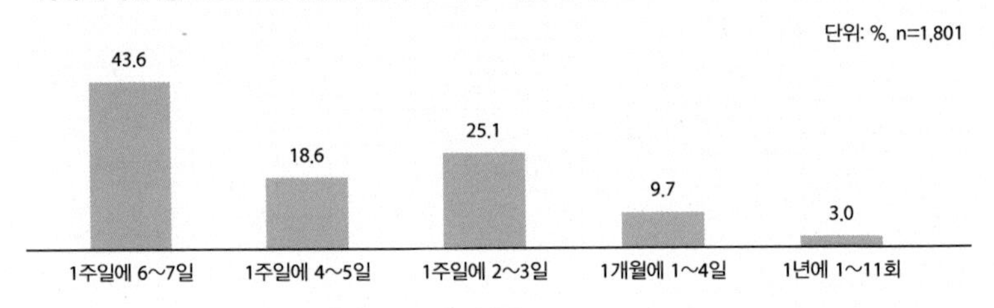

모바일게임 이용 빈도, 2017게임이용자실태조사보고, 콘텐츠진흥원

그리고, 모바일게임의 이용지속시간과 주기를 살펴보겠습니다.

귀하께서 모바일게임 하나를 즐기는 기간은 어느 정도입니까?

단위: %, n=1,801

1개월미만	1~2개월 미만	2~3개월 미만	3~6개월 미만	6개월 이상	2016년 평균 (n=1,834)	2017년 평균 (n=1,801)
35.6	16.3	15.0	3.9	29.2	16.2주	17.3주

모바일게임 이용 지속시간, 2017게임이용자실태조사보고, 콘텐츠진흥원

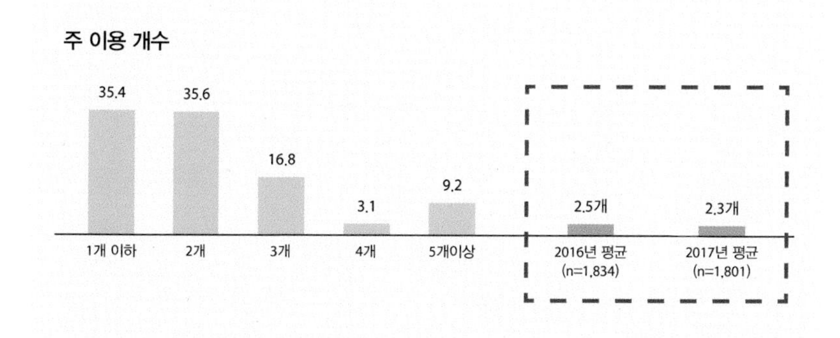

모바일게임 이용 개수, 2017게임이용자실태조사보고, 콘텐츠진흥원

모바일게임의 이용 지속시간은 16~17주로 평균 4개월 내외입니다.

평균 4개월의 플레이 기간에 평균 2.4개의 모바일게임을 즐기는 것으로 나타났습니다.

모바일게임의 이용형태를 정리해보겠습니다.

대체로 모바일게임 이용자는 평균적으로 1년에 2.4개의 게임을 플레이하고 있으며, 일주일 평균 5일 정도 플레이하고, 평균이용시간은 1주일에 7.2시간(430분)이며, 1년에 대략 373시간 플레이합니다.

온라인게임과 모바일게임의 이용형태는 아래 표로 정리할 수 있습니다.

	온라인게임	모바일게임	특징
하루 게임시간	100분	86분	1회 플레이는 온라인게임이 길다.
일주일 게임빈도	4일	5일	접근성이 높아 모바일게임을 더 자주 플레이한다.
하나의 게임 이용지속시간	10개월	4개월	온라인게임은 한번 플레이하면 오래 하고, 모바일게임은 플레이 지속기간이 짧다.
게임이용개수	2개	2.4개	1년에 이용하는 게임의 수가 모바일게임이 더 많다.
일주일 게임시간	400분	430분	모바일게임이 자주 플레이하다 보니 시간이 오히려 더 길다.
1년 게임시간	350시간	373시간	1년 기준으로 모바일게임을 더 많이 플레이한다.

〈온라인게임과 모바일게임의 이용형태 정리비교〉

모바일게임은 접근성이 높은 대신 짧게 플레이할 것이고, 온라인게임은 한번 플레이하면 오래 플레이할 것이라는 예측 범위 내의 결과였습니다.

모바일게임 이용개수가 2.4개로 생각보다 높진 않았습니다. 그 이유는 1부에서 보았듯이 대형게임사 중심으로 수준 높은 게임들이 출시되고 있습니다. 유저의 플레이패턴도 장수게임에 정착해서 오래 플레이하는 형태로 변화하고 있습니다.

평균 플레이시간으로만 볼 때 1년에 350~370시간 동안 게임을 하는 것으로 나타났습니다. 성별 관계없이 10대 87%, 20대 85%의 사람들이 평균적으로 매년 350~370시간을 쓰는 것을 의미합니다.

어떤 사람은 일주일이 한 번, 1시간 정도 하는 사람도 있을 것이고, 매일 3시간씩 하는 사람도 있을 겁니다. 직접 플레이하는 시간 외에도 게임 웹진에서 게임 정보를 살펴보거나 유튜브, 아프리카TV에서 프로게이머 또는 BJ의 게임플레이 영상을 보는 것 등에도 많은 시간을 사용합니다. '다음에 게임에 접속하면 무슨 장비를 맞춰야지, 다음에는 아이템 빌드를 이렇게 만들어봐야지, 다음에는 어떤 캐릭터를 해봐야지.'와 같이 머릿속으로 게임을 구상하는 시간도 게임 시간으로 포함되어야 합니다.

게임을 잘하기 위해 연구하는 시간, 게임을 하는 시간, 게임을 하고 난 후 게임을 생각하는 시간 등 게임과 관련된 시간을 모두 포함하면 플레이시간의 1.5~2배가 될 겁니다. 1년 기준으로 보면 600~700시간 정도가 게임에 사용되는 시간입니다.

게임 이용자는 매일 하루도 빠짐없이 평균 1시간 30분~2시간 정도 게임을 하거나 보거나 생각하고 있습니다.

2. 게임의 낮은 생산성

또 다른 중대한 문제는 게임의 낮은 생산성입니다.

5년을 게임처럼 꾸준히 했다고 가정했을 때, 들어가는 시간은 3000시간 정도입니다.

2시간짜리 영화를 1500편 가까이 볼 수 있으며, 12회 분량의 드라마는 250편을 볼 수 있는 어마어마한 시간입니다. 만화책을 1시간에 5권 정도 본다면, 15000권 정도를 볼 수 있습니다. 게임처럼 열심히 몰입해서 플레이하면 영화나 드라마든, 만화든 아마추어 수준의 안목은 생깁니다. 어느 운동을 했어도 초심자 수준은 넘어 중급자 수준은 됐을 겁니다.

하지만 게임은 재밌고 짜릿했던 몇 개의 추억 외에 남는 것이 거의 없습니다. 오히려 마우스 컨트롤 실력과 게임센스는 더 좋아져서 다른 게임을 할 때 더 빨리 잘하게 됩니다. 남들보다 잘하니까 쉽게 이기게 되고 다시 몰입하게 된다는 부작용은 충분히 있습니다.

게임세계가 또 무서운 것은 하루 3~4시간으로는 고수라고 명함도 못 내밉니다. 그냥 즐기는 정도의 수준일 뿐입니다. 보통 하루 6~8시간을 몇 달씩 해도 상위 그룹에 갈까 말까 합니다. 시간을 상당히 투자해도 중간수준, 열심히 해도 중상위 그룹 정도 될 겁니다. 최상위 그룹은 하루 10시간 이상 플레이하고, 현금 투자도 아끼지 않는 사람들만 가능합니다. 인기 있는 게임들은 두터운 유저층이 있어서 자기만 게임에 빠져있다는 생각이 전혀 들지 않습니다. 자기보다 훨씬 더 열심히 하는 친구들이 수두룩하기 때문입니다. '나보다 훨씬 지독한 놈들이 이렇게나 많은데, 내가 무슨 게임중독이야. 그냥 즐겜 하는 거지.'

하지만 이미 몇 달간 꾸준히 플레이하고 있고, 머릿속에선 전략분석을 하고 있습니다. 이번 주는 어디까지 달성하고, 다음에는 어느 것을 마스터해야지. 그럼 누구는 이길 수 있겠지. 머릿속에 게임 생각이 자리 잡아 공부나 직장 일에 집중이 되지 않습니다.

중요한 것은 게임이란 결국 종료될 것이고, 게임 속에서 얻어낸 아이템은 물론, 힘들게 달성한 게임 속 지위와 실력도 모두 사라집니다. 게임을 떠나 다시 현실로 돌아와야만 할 때 무엇이 남아 있을까요? 지나가 버린 시간은 다시 되돌릴 수도 없습니다. 이런 걸 다 알고 있지만, 조절하는 게 마음대로 잘 안됩니다.

특히 맵이 적은 곳에서 반복적인 전투 또는 경기를 하는 게임들은 더 생산성이 없습니다. 『리그오브레전드』나 『배틀그라운드』나 『오버워치』도 맵이 많지 않습니다. 『카트라이더』나 『서든어택』, 『피파 온라인』도 몇 개의 맵에서 반복적인 경기를 합니다. 맵이 단순할수록 사람이라는 변수가 커집니다. 사람의 변수는 매우 다양해서 같은 맵에서 플레이를 해도 매번 새로운 맛이 느껴집니다. 사람끼리 플레이하기 때문에 재미는 더 있지만, 같은 맵에서 플레이를 하다 보니 스토리가 있는 것도 아니고, 새로운 것을 배울 수도 없습니다. 단지 '게임 속에서' 펼쳐지는 다양한 상황을 분석하고, 정확한 예측과 정확한 대응을 연습합니다. 엄밀히 말하면 100가지 상황에 맞는 200가지 대응방법을 '마우스와 키보드'로 연습하는 것입니다. 100가지 상황이라는 것도 게임 속에서만 발생하는 상황 변수의 조합입니다. 마우스와 키보드 커맨드 입력 방식을 연습하는 것도 '마우스로 왔다 갔다 하고, Q 누르고, 상대 스킬 쓰는 거 피하고, W 정확히 누르고, 상대 마우스로 공격하고 R 정확히 누르고...'처럼 정확한 키보드 조작순서와 마우스의 오차를 줄이는 연습입니다.

『배틀그라운드』에서는 적절히 무빙하며 달려가고, 적 예상 지점에 마우스 포인터를 두고, 순간적인 반응 속도를 올려 누가 먼저 정확히 쏘느냐,

'빠르고 정확하게 헤드샷을 쏘는 것' FPS게임은 선수필승이라 반응속도와 정확도 연습입니다. 이 연습을 잘한 사람이 이기도록 설계되어 있습니다. 모두 지기 싫어하는 마음과 이기고 싶은 마음에 기꺼이 연습합니다. 연습결과는 실제 게임 결과에 반영되어 더 자주 승리하고 기분이 좋아집니다. 그런데 자주 승리하면 더 잘하는 사람과 맞붙도록 설계되어 있습니다. 잘하는 사람과 싸우려면 더 정교하도록 연습을 해야 하고, 상황분석을 공부해야 합니다. 그러면 또 더 잘하게 되고, 자주 승리해서 기분이 좋습니다. 그럼 또 더 잘하는 사람과 만나게 됩니다. 차츰 실력이 늘어가는 속도는 더 느려지고 더 많은 시간이 필요합니다. 그러니 계속 게임을 하며 연습해야 합니다.

이렇게 5년간 게임 속에서 마우스와 키보드의 반응 속도와 정확도를 열심히 연습해서 게임 속에서는 좋은 성과를 올렸더라도 현실에서는 그다지 도움이 되지 않습니다.

영화나 만화를 봐도, 운동을 해도 5년 이상 꾸준히 하면 몸에 익숙해지고, 머릿속에 스토리의 흐름이 그려지고 노하우가 쌓입니다. 엔터테인먼트 장르 중에서 게임은 가장 재미있는 선택이지만, 가장 생산성이 떨어지는 선택인 것은 분명한 사실입니다. 무엇보다 한번 지나간 시간은 절대 다시 돌아오지 않습니다.

때로 '지금 재밌으니까 괜찮아, 재밌으니까 이것으로 충분해' 라고 생각합니다. 하지만, 생각보다 금방 다가올 수 년 후의 내 모습을 생각해봐야 합니다.

3. 사례로 보는 게임중독

게임중독에 빠지는 사례보다 부모와 적당히 타협하며 시간을 정하고 게임을 하는 친구들이 훨씬 더 많습니다. 하지만 게임중독은 현재의 본인뿐만 아니라 가족관계와 길게는 그 사람의 인생을 좌우하는 문제인 만큼 심각하게 여겨야 합니다.

게임중독의 부작용으로 특히 드러나는 것이 게임플레이 시간으로 미래 경쟁력이 점차 떨어지는 개인의 문제와 그로 인해 삐걱대는 가족관계입니다. 아직 자신은 이 시간의 소중함을 아직 알지 못하기 때문에 게임을 오랫동안 하고 있습니다.

하지만 그것을 지켜보는 가족들은 어떨까요. 가족들은 애가 탑니다. 사회라는 곳은 가족생활과는 딴판입니다. 사회는 훨씬 더 엄격하고 변명이 통하지 않는 프로의 세계입니다. 인성과 지식은 사회에 나오기 전 청소년기에 끝내야 할 개인의 숙제에 해당합니다. 개인 숙제를 끝마친 사람만이 사회 속에서 다른 사람들과 돕고 경쟁하며 살게 됩니다. 부모님은 이런 사실을 잘 알고 있어서 애가 타 죽을 지경입니다. 부모님은 시간을 아껴 쓰고, 더 성실해야 한다고 자식들에게 진심을 담아 충고합니다. 그런데 게임을 할 때는 시간관념이 없어져서 1시간 2시간은 금방 지나갑니다. 1시간 정도 하면 손도 풀리고, 감각도 살아나서 이제 좀 본격적으로 시작해 볼까 하는 순간입니다. 그런데 엄마는 1시간 됐으니까 이제 게임을 그만하라고 합니다. '이제 막 재밌으려고 하는데, 게임을 끄라니, 말이 되나요?' 이건 게임을 하는 입장에선 게임을 제대로 한 것도 아니고, 안 한 것도 아닌 애매한 느낌입니다. 당연히 게임을 더 하려고 온갖 수를 다 씁니다. 때로는 통하고, 때로는 안 통하면서 게임에 대한 갈증만 커져 갑니다. 게임을 두고 가족끼리 옥신

각신하며 서로 상처받고, 속상해합니다. 이런 기간이 장기간 계속되면서 가족관계는 너덜너덜하게 헤어진 마음을 안게 됩니다. 게임중독에 빠진 친구가 있는 가정에서 자주 볼 수 있는 현실입니다.

아래에 등장하는 6가지 사례를 보겠습니다.

사례 1. 『배틀그라운드』에 빠진 A 군

올해 중학교 3학년이 된 A 군은 중학교 내내 좋은 성적을 유지해왔습니다. 공부도 잘하고, 성격도 쾌활해 친구들 사이에 인기가 많았습니다. 어느날 삼촌이 『배틀그라운드』 계정을 넘겨주었습니다. 겨울 방학이 되자 친구들과 함께 『배틀그라운드』 게임을 시작하게 되면서 생활이 완전히 달라졌습니다.

친구들과 모여 게임을 하느라 학원이 끝나고 집에 오는 시간이 점점 늦어졌습니다. 처음 늦을 때는 부모님께 늦는다고 연락을 했습니다. 그러면 부모님은 항상 일찍 오라고 하십니다. 이것이 반복되다 보니 잔소리가 점점 듣기 싫어지고, 시간약속을 번번이 어기게 되었습니다. 차츰 연락도 없이 집에 늦게 들어오기 시작했습니다. 처음에는 말없이 지켜보시던 부모님도 점점 강압적으로 변하기 시작했습니다. 곧 A 군과 엄마는 게임 때문에 집에서 큰소리로 다투기 시작했습니다. 그 바람에 아빠와의 관계도 나빠졌습니다. A 군은 『배틀그라운드』를 같이하는 친구들이 있어서 혼자만 먼저 빠질 수는 없다고 부모님께 고집을 부렸습니다. 부모님은 고민 끝에 삼촌에게 말해 계정을 지워버렸습니다. A 군은 분을 삭이지 못하고 그날 밤 집을 나왔습니다.

사례 2. 『리그오브레전드』 프로게이머 지망생이 된 B 군

B 군은 올해 중3이 되었습니다. 『리그오브레전드』를 시작한 지는 이제 2년이 되었습니다. 처음 1년간은 학교생활도 열심히 하면서 게임을 했습니다. 그러던 중 친구들 사이에서 『리그오브레전드』를 잘한다는 얘기를 듣고 점점 더 열심히 하기 시작했습니다. 열심히 하니까 처음에는 실력이 쑥쑥 올라갔습니다. 친구들 사이에서는 최고의 실력자가 되어 인기가 높아졌습니다. 하지만 학교성적은 점점 나빠지게 되었습니다. 집에서는 별로 관심이 없으시다가 매일 게임만 하는 것을 눈치채시더니 잔소리가 시작되었습니다. 오히려 B 군은 부모님께 프로게이머가 되겠다고 큰소리를 치며 하루종일 『리그오브레전드』만 하기 시작했습니다. 부모님도 처음에는 고민하시다가 기왕 할 거면 열심히 하라고 말씀하셨습니다. B 군은 신이 나 열심히 게임을 했습니다. 하지만 6개월 정도 지나자 실력이 더는 오르지 않았습니다. 『리그오브레전드』 커뮤니티에 지금 실력을 올려봐도 프로게이머는 안될 것 같다는 답변만 있습니다. 포기하려 해도 학교 공부는 이미 너무 진도가 벌어져서 따라잡기에는 너무 어려울 것 같습니다. 부모님은 여전히 프로게이머가 되려는 줄 알고 있습니다. B 군은 현재 좌절감만 들고 있습니다.

가족에게도 부끄럽고 무엇보다 자신의 미래가 어둡게 느껴집니다. 그렇지만 어떻게 해야 할지 모르고 방황하고 있습니다. 이 두려운 마음이 들 때마다 게임으로 도망칩니다.

사례 3.『오버워치』에 빠진 C 군

중학교 3학년인 C 군은『오버워치』게임중독입니다. 이전부터 기다리던『오버워치』가 오픈하자마자 미친 듯이 플레이했습니다. 새로운 캐릭터 스킨이 나올 때면 부모님 몰래 온라인 결제도 했습니다.『오버워치』는 순간적인 반응이 중요한 FPS게임이기 때문에 컴퓨터 사양도 좋아야 하고 좋은 마우스와 좋은 헤드셋을 써야 한다면서 돈을 많이 썼습니다. 매일 게임을 하고 실력이 나날이 좋아지다 보니 온라인에서 게임 팀에 참가하게 되었습니다. 정해진 시간에는 무조건 게임에 접속해야 했습니다. 처음엔 C 군이 게임에 워낙 강경하게 나오기에 부모님도 많이 양보해 주었습니다. 게임을 하는 것은 허락하지만 서로 시간을 정해서 하기로 했습니다. 하지만 게임을 꺼야 할 시간을 지키지 않을 때가 더 많았습니다. 참다못한 부모님은 게임 도중 PC를 강제로 꺼버렸고 C 군은 불같이 화를 냈습니다. 화를 못 참아 씩씩댔고 이 모습을 본 아버지는 크게 혼을 냈습니다. C 군은 처음으로 아버지에게 욕을 할 뻔했고 아버지도 격분하여 폭력을 휘두를 뻔했습니다. 어머니가 나서서 폭력사태까지는 가지 않았지만, 집안 분위기는 이미 망가질 대로 망가졌습니다.

사례 4. 유튜브에 빠진 E 군

E 군은 게임을 잘하지 못합니다. 하지만 게임플레이를 보는 것은 좋아합니다. 직접 게임을 할 때도 있었지만, 어느 날 부모님이 게임을 금지하

셔서 스마트폰으로 게임 동영상을 봅니다. 게임 BJ가 플레이하는 영상을 끝까지 보고 나면 비슷한 영상을 계속 추천해주는 통에 한 번 보기 시작하면 계속 보게 됩니다. 다른 게임 영상과 다른 BJ 영상으로 계속 옮겨 다니며 유튜브 게임 영상만 보느라 성적이 많이 떨어졌습니다. 심지어 이미 봤던 동영상인데도 너무나 재미있었기에 다시 돌려 볼 정도입니다. 이제는 부모님도 걱정하기 시작했고 E 군 스스로도 공부해야지 하고 다짐했습니다. 하지만 심심할 때 잠깐 하나만 보려는 마음에 하나를 보면 다시 또 연결된 영상을 계속 보게 되면서 중독 현상을 보이게 되었습니다.

사례 5. 욕을 입에 달고 다니는 F 군

F 군은 중학교 3학년입니다. 원래부터 똑똑한 구석이 있던 친구라서 학업성적도 좋았고 게임도 남들보다 금방 배우게 되었습니다. 친구들보다 적은 노력으로 쉽게 두각을 드러내던 탓에 다른 친구들을 잘 놀렸습니다. 『리그오브레전드』를 시작한 이후로는 친구들을 더 심하게 놀리기 시작했습니다. 게임이 잘 풀리지 않을 때면 입에 담기 어려운 욕설도 하기 시작했습니다. 원래 성격이 나쁜 친구는 아니었기에 욕하고 나서 친구들과 화해하기도 했지만, 친구들도 F 군을 차츰 멀리하게 되었습니다. 혼자 『리그오브레전드』를 하면서 욕설은 더 심해졌고 채팅창은 욕설로 도배되기 일쑤였습니다. 엄마가 잔소리할 때면 짜증이 나 더 열심히 채팅으로

욕을 하고 성격이 과격해져만 갔습니다. 항상 불만에 차 있는 기분이 들고 못마땅한 느낌이 들었습니다.

사례 6. 엄마 몰래 집에 있는 돈을 훔친 G 군

G 군은 일주일마다 받는 용돈이 그다지 부족한 편은 아니었습니다. 그런데 『배틀그라운드』 게임을 시작하면서부터 PC방을 매일 다녔습니다. 그러다 보니 용돈이 부족해지기 시작했습니다. 엄마에게 돈을 달라고 하면 잘 주는 편이었습니다. 이때만 해도 관계가 좋았습니다. 하지만 돈을 달라고 하는 경우가 빈번해지면서 엄마가 게임을 줄이면 돈을 주겠다고 하셨습니다. 하지만 친구들과 사발면, 과자 등을 먹으면서 PC방에서 매일 놀던 습관이 이미 몸에 붙은 후였습니다. 친구들과 돌아가면서 돈을 내고 있는데 몇 번 얻어먹게 되고 나니 한 친구가 거지라고 놀리기 시작했습니다. 부끄럽고 화가 나 엄마 몰래 지갑에 있는 5만 원을 훔쳤습니다. 그런데 엄마에게 걸리고 말았습니다. 엄마는 아들이 돈을 훔쳤다는 사실에 너무 놀라 아빠와 상의 후 앞으로는 부탁해도 돈을 주지 않기로 결정했습니다. G 군은 부끄럽기도 하고 속상했지만, 한편으로는 부모님에게 서운하고 화가 나 충동적으로 집 안에 있는 현금을 들고 나왔습니다. 일주일 정도 PC방에 있을 수 있을 정도의 돈이지만 그 이후에는 어떻게 해야 할지 생각이 정리되지 않습니다.

실제 게임으로 집에서 갈등을 겪었던 분들이라면 위 사례를 보면서 나와 가족의 모습이 떠올랐을 겁니다. 게임은 재미있어서 언제까지고 계속 게임을 하고 싶은 마음은 충분히 이해합니다. 게임을 한다는 것은 머릿속에서 다양한 실행계획들이 차례로 기다리는 것과 같습니다. 상대를 때리기도 해야 하고, 피하기도 해야 하고, 장비도 맞춰야 하고, 친구를 돕거나 함께 싸우기도 해야 합니다. 이 모든 것은 머릿속에서 다 계산되고 있습니다. 그리고 마지막에는 이길 것을 기대합니다. 이러다가 갑자기 방해를 받으면 어떻게 될까요?

머릿속의 모든 계획은 미해결과제로 바뀌어 불쾌감으로 전환되고, 이길 것이라는 기대감은 졌다는 패배감으로 바뀝니다. 만약 친구와 같이하고 있었다면 친구의 원망까지도 감당해야 하고, 친구에게 미안하다는 아쉬운 소리까지 해야 합니다. 이 모든 불쾌감의 원인은 갑자기 컴퓨터를 끈 엄마가 되겠지요. 그러니 엄마에게 불같이 화를 냅니다. 순간적으로 화가 나니까요.

엄마는 당황하여 엉겁결에 함께 화를 냅니다. '어디서 버르장머리 없이, 컴퓨터를 끌만 하니까 끄지. 그러게 내가 게임 그만하라고 했지!',

이렇게 오늘도 익숙한 풍경이 펼쳐집니다.

게임 하고 싶은 자녀와 게임을 그만두게 하려는 부모님 사이의 전쟁이 매일 여기저기서 벌어지고 있습니다. 이 전쟁의 결과는 대부분 서로 상처를 주고받으며 어느 선에서 한쪽이 포기하거나, 상호불가침 조약을 맺고 끝이 납니다. 게임을 조절하지 못해 심각한 가정불화가 발생하고, 스스로의 경쟁력도 깎아 먹고 있습니다. 이렇듯 게임중독은 개인과 가정에 심각한 문제입니다.

1. 게임산업 현황

중소기업 규모의 게임회사가 게임업계에서 살아남기는 쉽지 않습니다. 온라인게임에서 모바일게임으로 시장의 흐름이 바뀌면서 구글과 애플의 플랫폼 수수료 30%라는 수치가 중소형 회사들에게 거대한 압박으로 작용하고 있기 때문입니다. 기존 온라인게임에서는 결제수수료가 10%를 넘지 않았습니다. 개발사나 퍼블리셔는 모바일 시장으로 전환되면서 매출이 20% 이상 줄어든 것과 같습니다. 그뿐 아니라 게임의 수명도 보통 온라인게임의 평균 수명 30개월에서 모바일게임의 평균 수명인 12개월로 줄어들었습니다. 그만큼 매출이 발생하는 기간이 줄었습니다. 특히 이런 현상은 대기업보다는 중소기업에서 큰 타격이 되었습니다. 그러다 보니 게임산업에 종사하는 사람의 수도 줄어들고 말았습니다.

콘텐츠 산업 종사자 현황

단위: 명

	2011	2012	2013	2014	2015	비중	연평균 성장률
출판	198,691	198,262	193,613	191,033	190,277	30.6	−1.1
만화	10,358	10,161	10,077	10,066	10,003	1.6	−0.9
음악	78,181	78,402	77,456	77,637	77,490	12.5	−0.2
게임	95,015	95,051	91,893	87,281	80,388	12.9	−4.1

3년 연속 감소

〈게임종사자 감소, 콘텐츠 산업통계조사(2016), 문화체육관광부〉

그래서 게임업계에 종사하는 사람들은 회사와 직원의 사활을 걸고 치열하게 게임을 만들고 있습니다.

이런 회사 사정과는 별개로 스마트폰 보급률은 계속 늘어나 게임산업의 매출 규모도 매년 커지고 있습니다. 스마트폰을 사용하며 자연스레 게임을 이용하는 사람들이 계속 늘어나고 있기 때문입니다.

게임매출 규모는 국내 게임시장에서 2015년과 2016년을 비교하면 1.6% 성장한 10조 8,945억 원을 기록했습니다. 2017년은 『리니지M』의 성공으로 12조 원을 훌쩍 돌파할 것으로 전망됩니다.

게임업계 종사자의 숫자도 모바일게임은 계속 증가하는 추세입니다.

앞으로도 이런 추세는 계속 이어질 것으로 전망됩니다.

이렇게 게임회사직원 수만 명이 자신들의 미래를 걸고 게임을 만들고 있습니다. 따라서 최대한 유저가 몰입할 수 있는 게임을 만들어내고, 높은 수익을 내기 위해 최선을 다하고 있습니다.

모바일게임도 대형 게임사를 중심으로 완성도가 높은 게임이 많아지고 있습니다. 따라서 하나의 게임에 충성도가 높은 유저들이 생기는 것으로 추

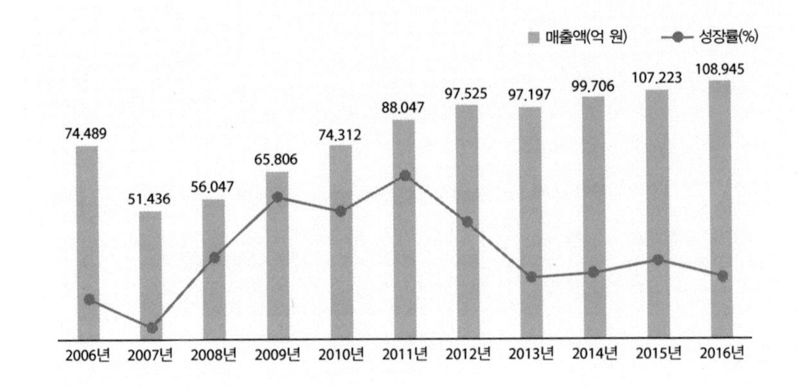

국내 게임시장 전체규모 및 성장률, 콘텐츠진흥원

측됩니다. 이것은 『모두의 마블』(2013.07), 『리니지2 레볼루션』(2016.12), 『세븐나이츠』(2014.03), 『클래시 로얄』(2016.03), 『서머너즈워』(2014.04) 처럼 서비스 기간이 1년 이상인 장수게임들이 많아진다는 의미합니다. 『리니지M』도 앞으로 장수게임이 될 것입니다. 따라서 새롭게 진입하는 중소 게임회사에게는 살아남기가 더 힘든 시장이 될 것입니다. 이렇게 대형사 중심의 장수게임 현상은 부익부 빈익빈을 심화시킵니다.

뉴스웨이에서 나온 기사를 보겠습니다.

[게임업계도 '빈익빈 부익부' …소형 게임사 **게임즈 '상폐' 위기]

http://www.newsway.co.kr/view?tp=1&ud=2018032214183868988

기사에 따르면, "예전에 PC 온라인게임의 경우에는 한번 게임을 개발하면 적어도 5년, 길면 10년 이상도 서비스한다는 생각으로 개발했다"면서 "그런데 모바일은 게임 출시 주기가 1년 정도로 짧을뿐더러 출시 게임 수도 많아서, 꾸준히 신작을 출시할 여건이 안 되는 작은 회사들은 대형사들과 경쟁이 안 되는 구조"라고 설명했습니다.

모바일게임환경은 수익 주기가 짧아서 단기간에 이익을 높이는 방법으로 비즈니스 모델을 설계하게 됩니다. 거기다 다음 게임을 빠르게 준비해야 하는 압박도 생깁니다.

유저의 플레이패턴을 보면 4~6개월만에 다른 게임으로 이동합니다. 게임회사는 이 기간 내에 수익을 내지 못하면 모두 떠나버릴 것 같은 압박을 받습니다. 이렇게 짧은 플레이 주기로 인해 단기적인 이익 중심으로 현금화 전략을 맞추게 됩니다. 하지만 속이 뻔히 보이는 결제유도 전략은 유저의 반발을 사게 되고 곧 매출 하락으로 이어집니다. 게임회사는 유저 감소로 서비스를 종료합니다. 소형 게임사의 서비스 종료 소식에 유저는 대형 게임사의 게임을 더 찾게 됩니다. 이렇게 부익부 빈익빈 현상이 발생합니다.

대형 게임사는 다양한 경로로 광고합니다. 기존에는 게임 웹진이나 인터넷 포탈에서 게임 광고를 보았습니다. 하지만 현재는 헐리웃 배우부터 탑배우, 걸그룹이 등장해 TV, 지하철, 버스, 인터넷 포탈, 온라인 신문, 게임 웹진, 유튜브 동 모든 매체에 골고루 광고가 진행됩니다.

그 결과 10대 남성 93%, 20대 남성 91%가 게임을 합니다. 놀라운 수치입니다.

또 게임산업의 미래는 앞으로 다가올 4차산업혁명의 주역이 될 것입니다.

4차산업혁명은 하이퍼 연결, 하이퍼 인텔리전스를 특징으로 하는 빅데이터와 인공지능, 로봇의 시대입니다.

콘텐츠진흥원은 '4차산업혁명과 콘텐츠산업 경쟁력 제고 전략' 리포트에서 이렇게 예상하고 있습니다.

'4차산업혁명시대의 최대 산업은 놀이와 문화산업, 엔터테인먼트 산업이 될 것. 인공지능과 로봇이 생산물을 만들고 인간은 엔터테인먼트 산업의 소비를 통해 행복을 추구하는 사회가 도래할 것.'

특히 게임 분야에는 증강현실(AR)과 가상현실(VR)을 합친 혼합현실(Mixed Reality)이 우리를 기다리고 있습니다. 게임은 앞으로 가장 높은 몰입도와 중독성을 가진 엔터테인먼트로서의 자리를 놓치지 않을 겁니다.

2. 감정의 홍수

게임은 이기면 기분이 좋습니다. 이기기 위한 목표가 있고, 계획을 설계하고 미션을 완료하면서 달성보상을 얻습니다. 게임은 이런 과정의 연속입니다. 보상을 얻어내는 과정이 긴장될수록 몰입감이 높아지고, 재밌다고 느낍니다. 반복해서 플레이하면 할수록 성취계획, 긴장감과 기대감, 성취감이 연속됩니다. 우리가 『배틀그라운드』를 할 때나 다른 게임을 할 때 우리의 뇌에는 다양한 신경전달물질이 뿜어져 나오면서 감정의 홍수를 경험합니다. 이런 감정을 일으키는 신경전달물질이 뇌에 직접 작용하게 됩니다. 게임의 특성상 교감신경 전달물질과 도파민이 가장 자주 분비될 것입니다.

게임에서 벌어지는 상황을 예를 들면서 다양한 감정의 홍수를 살펴보겠습니다.

'비행기에서 뛰어내려 낙하산이 펴지고, 전장에 착륙. 우선 가까운 집으로 들어가 기본 장비를 갖춥니다. 그러다가 갑자기 마주친 적과 교전하고 순간적으로 아드레날린이 분비됩니다. 가볍게 상대를 쓰러트려 작은 승리감을 맛보고 다음 목표지점으로 이동해서 보급품을 더 챙기며 다음 교전을 준비합니다. 시간이 지나면 포위망이 좁혀지듯 캐릭터가 활동 가능한 구역이 계속 줄어들기 때문에 교전은 피할 수 없습니다. 섣불리 캐릭터가 노출되면 적이 어디 있는지도 모른 채 죽을 수도 있어 긴장감이 높아져 갑니다. 구역 안으로 들어가기 위해 차를 타고 이동할 때도 어디선가 총알이 날아오면 혹시나 죽을까 불안감이 올라갔다가 무사히 지나가면 안도감이 돌아옵니다. 다시 적을 발견해 엄폐물로 몸을 가리고 교전이 발생하면 긴장감이 올라갔다가 상대를 죽이면 기분 좋고, 내가 죽으면 짜증이 납니다. 이런 현상이 계속 반복됩니다.

특히 전투의 후반부 생존자가 5명 이내로 좁혀졌을 때의 긴장감은 웬만한 공포영화 이상일 겁니다. 분명히 적이 근처에 있는데 정확히 어디에 있는지 모르는 상황, 먼저 발각되면 죽을 것 같은 긴장감. 이런 긴장감 끝에 승리자가 되면 짜릿한 환호가 이어지고, 반대로 먼저 죽게 되면 강한 아쉬움이 남습니다. 이렇게 강한 감정은 게임이 끝나고서도 줄곧 남아 계속해서 경험하고 싶어집니다.

게임플레이는 강한 감정들과 신경전달물질들이 실제 뇌에 강한 자극을 일으킵니다.

게임을 신나게 하다가 뜻하지 않게 갑자기 멈추면 느껴지는 허전함이나 심심함도 신경전달물질이 만들어내는 실체적인 반응입니다. 이런 강한 감정 자극들은 중독과 금단현상들을 불러오게 되고 게임을 더 끊기 어렵게 만듭니다.

감정에 영향을 주는 것으로 알려진 신경전달물질

신경전달물질은 약 50여 종이 있는 것으로 보고되고 있습니다. 이 중 감정에 영향을 미치는 신경전달물질은 다음과 같습니다.

*** 도파민**

호기심이 왕성하고, 새로운 것을 보면 도파민이 많이 나옵니다. 도파민은 성취감을 느낄 때, 호기심을 느낄 때, 기대 보상이 있거나 기대심이 클 때 나오는 물질입니다.

좋아하는 것과 원하는 것은 조금 다릅니다. 쥐에게 도파민을 제거하면 음식을 찾는 행동을 하지 않습니다. 음식이 입에 닿으면 기분 좋게 음식을 먹습니다. 음식을 좋아하지만, 도파민이 없다면 음식을 찾지 않게 됩니다. 게임을 하고 싶어서 접속했지만, 막상 게임에 들어가면 생각보다 재미없는 경우도 많습니다. 때때로 발생하는 '잭팟의 짜릿함, 역전승의 짜릿함' 이런 기분을 혹시 경험할까 싶은 기대감이 자리합니다. 이렇게 기대하는 것이 있으면 그것을 충족시키겠다고 나오는 신경전달물질이 도파민입니다.

*** 교감신경계 (노르아드레날린, 아드레날린)**

교감신경계 자극물질로 동공확대, 근육 긴장, 대사활동 증가 등의 효과가 있습니다.

노르아드레날린은 아드레날린에 비해 전신의 말초혈관을 수축시켜 혈압을 크게 상승시키지만, 에너지대사나 심장에 대한 작용은 훨씬 약한 편입니다.

아드레날린은 부신수질에서 생성되는 물질로 심장박동 수를 증가시키고, 혈관을 수축시키며, 공기가 드나드는 기관의 팽창을 유도합니다. 또한, 교감신경계에서의 투쟁-도피반응(fight or flight response)에도 관여합니다.

*** 엔도르핀**

뇌 속에 존재하는 내인성 모르핀이라는 의미로 엔도르핀이라는 이름이 붙었습니다.

모르핀과 동일한 진통작용이 있어 기분을 좋게 하고, 통증을 줄여줍니다. 오르가즘을 느낄 때와 같이 환희의 순간이나 러너스하이와 같은 고통의 순간, 매운 음식을 먹었을 때도 분비됩니다. 매운 음식을 처음 먹었을 때는 아주 맵게 느껴지다가 조금 지나서 다시 먹어보면 생각보다 덜 맵게 느껴집니다. 이런 마취작용이 엔도르핀의 역할입니다. 생체 내에서 생성되는 천연 마약으로 볼 수 있습니다.

*** 세로토닌**

Serotonin='혈청(Serum)+혈관을 긴장(Tonus)시킨다'는 의미에서 세로토닌이 되었습니다.

수면, 식욕, 공격성 심리상태에 영향을 미칩니다. 만족감과 안정감을 느낄 때 세로토닌이 증가하는 것으로 나옵니다. 도파민의 짜릿한 쾌감과는 다른 기분 좋음입니다. 운동과 햇빛으로 분비가 증가합니다. 세로토닌은 특히 행복호르몬으로 알려져 있습니다.

3. 청소년 시기의 취약점

1. 세로토닌 분비 감소

세로토닌은 감정을 중재해주는 대표적인 신경전달물질입니다. 설명하였듯이 안정감과 행복감을 가져다주는 신경전달물질로 유명합니다.

청소년기에는 세로토닌이 아동기와 성인기에 비해 40%나 적게 나온다고 합니다. 청소년기에 게임중독이 왜 쉽게 발생할 수 있는지 이해가 됩니다.

세로토닌이 부족하면 아드레날린과 도파민을 조절해주지 못해 강박증, 충동적인 폭력성, 섭식장애, 중독, 공황장애 등이 나타납니다. 우울증의 원인으로 가장 많이 지목되는 것이 바로 세로토닌입니다. 우울증 치료제로 세로토닌 재흡수 억제제를 사용하고 있을 정도로 우울증과 깊은 관련이 있습니다.

뇌 속 세로토닌이 부족하면 우울증이 오며, 세로토닌이 높으면 삶의 만족

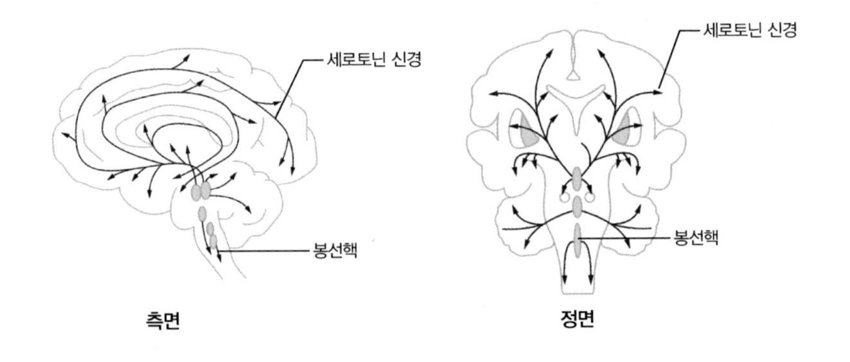

뇌 전체에 뻗어있는 세로토닌 신경, 『세로토닌 하라』, 이시형

도가 높아집니다.

이렇듯 우리가 느끼는 감정에는 신경전달물질의 영향을 받고 있으며, 이 중 우리에게 가장 중요한 행복감과 만족감은 세로토닌에서 옵니다.

세로토닌은 '파충류의 뇌'라고 불리는 뇌간(Brainstem)의 솔기핵(raphe nucleus)에서 분비됩니다. 1000억 개의 신경세포에 비하면 아주 적은 수이지만, 뇌 전체에 광범한 영향을 미칩니다.

대한민국 국민의사인 이시형 박사님은 『세로토닌 하라』라는 책을 통해 세로토닌이 우리 삶에 어떤 역할을 하는지 설명하였습니다.

첫 번째는 조절기능입니다. 세로토닌은 공격성, 폭력성, 충동성, 의존성, 중독성과 같은 아드레날린과 도파민을 조절해주며 감정을 안정시켜 줍니다.

두 번째는 공부와 창조성의 기능입니다. 조용한 각성상태를 유지시켜 주의력을 올려주고, 기억력도 향상됩니다.

세 번째는 행복기능입니다. 세로토닌이 주는 삶의 만족감은 잔잔한 행복감을 줍니다. 도파민과 달리 중독성이 없습니다.

세로토닌은 게임이라는 가상세계에서 잠깐 맛보는 것이 아닌 현실세계에서 항상 유지되도록 만들어야 할 물질입니다.

2. 전두엽 미완성

전두엽은 합리적인 생각을 이끄는 인간의 중심적인 뇌 역할로 감정 조절, 기획, 우선순위 선정, 판단, 결과 예측을 합니다.

청소년 시기에는 전두엽이 완성되지 않아 이성적이고 논리적인 사고가 잘되지 않습니다. 전두엽에서 관장하는 분석, 비교, 판단, 계획, 조절 등이 마음대로 되지 않습니다. 전두엽의 목소리보다는 변연계의 목소리가 크기 때문에 이성적이기보다는 감정적입니다. 일단 지르고 나서 생각합니다.

특히 청소년의 신경돌기 모양을 보면 더욱 실체를 확인할 수 있습니다.

신경돌기는 나이에 따라 점점 늘어났다가 노인이 되면 다시 줄어듭니다. 청소년 시기에는 감정을 주관하는 변연계는 완성되었지만, 신경돌기 수가 확연히 적습니다. 성인이 될수록 정보량이 많아지고, 전두엽이 발달하면서 신경돌기도 훨씬 늘어나게 됩니다.

부족한 신경돌기 중에서 게임과 관련된 신경돌기가 많으니 게임을 끊기가 더욱 어렵습니다.

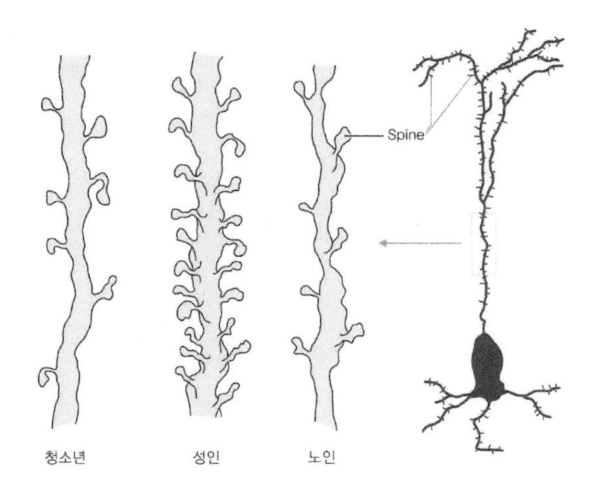

나이에 따른 신경돌기의 변화, 『그림으로 읽는 뇌과학의 모든 것』, 박문호

쥐 해마 세포를 보면 어느 것은 뚱뚱하고, 어느 것은 비쩍 마른 것을 볼 수 있습니다.

『그림으로 읽는 뇌 과학의 모든 것』의 저자인 박문호 박사님은 일본의 해부학자 요로 다케시의 표현을 들면서 '신경세포 입장에선 죽고 사는 문제와 같다'고 설명하였습니다. 비쩍 마른 신경세포는 어디로든 연결되어야 살 수 있으니까요.

사실 우리도 여러 번 게임을 그만두려고 마음먹고 게임을 중단합니다. 게임과 관련된 신경돌기는 점점 말라갑니다. 비쩍 마른 신경세포는 다른 곳과 연결되기 위해 계속 노력합니다. 살기 위한 몸부림입니다. 다른 생각을 하려고 해도 게임 생각이 계속 나는 것은 어쩌면 이런 현상과 같습니다. 신경세포의 생존본능은 강력한 금단현상이 되어 게임 유혹에 이기지 못하고 다시 게임에 넘어가고 맙니다.

전두엽은 거의 서른 살 전후에서 완성됩니다. 이런 이유로 20대 대학생들도 게임에 많이 빠져있습니다. 대학 보냈다고 안심했다가는 매일 집에서 밤낮이 바뀌어 게임만 하는 자녀를 보게 될 확률이 높습니다. 또한, 고등학교

흰색은 스파인, 붉은색은 흥분성시냅스, 청색은 억제성시냅스이다.

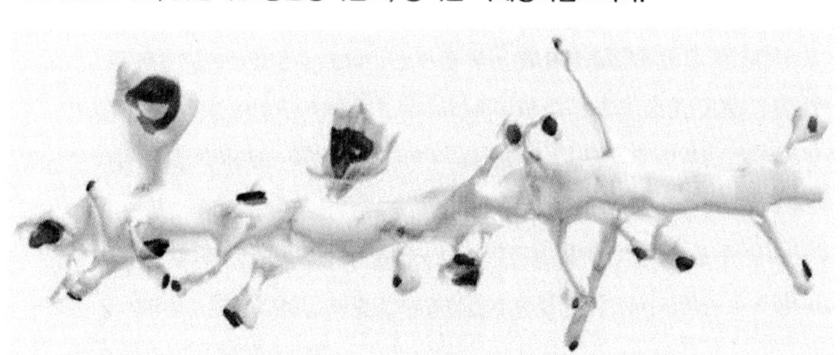

쥐 해마 CA1 세포의 수상돌기, 『그림으로 읽는 뇌과학의 모든 것』, 박문호

때 게임을 하지 않았어도 대학에 입학하고 나서 뒤늦게 온 방황으로 게임에 빠지는 경우도 많습니다.

서른 살 전후로 전두엽이 완성되면 게임에 들어가는 시간의 가치를 정확히 판단하여 적절히 조절하는 지혜가 생길 겁니다. 그런데 서른 살이면 너무 늦습니다. 중, 고등학교 때부터 게임을 많이 했다면 사회 경쟁력에서 10년에서 15년 정도 낭비한 셈인데, 뒤늦게 후회해도 사회에서 좋은 자리를 차지하기가 쉽지 않습니다. 이 귀중한 시간을 잘 활용하지 못한 것은 두고두고 자괴감과 열등감을 만들어낼 수도 있습니다.

3. 학업 스트레스

청소년기 학업 스트레스는 게임에 빠지는 직접적인 요인입니다.

우리나라의 청소년 학업 스트레스는 전 세계에서 가장 높습니다. 여기에 세계 최고의 게임 강국이 우리나라입니다.

최고의 학업 스트레스와 최고의 게임 강국이 만났으니 게임중독으로 빠지는 것은 어찌 보면 당연한 일일지도 모릅니다.

2015년 한국보건사회연구원의 자료에 의하면, 한국이 아동 학업 스트레스 50.5%로 세계 1위에 올랐습니다.

한국청소년정책연구원 〈한국 아동 · 청소년 인권실태조사(2015)〉자료에 의하면 청소년 스트레스의 주요 원인으로 학업문제와 미래에 대한 진로문제가 가장 큰 스트레스로 나타났습니다.

콘텐츠진흥원에서 조사된 '게임 이용자가 게임을 하는 이유' 중 가장 높은 비율은 스트레스 해소와 시간 때우기입니다.

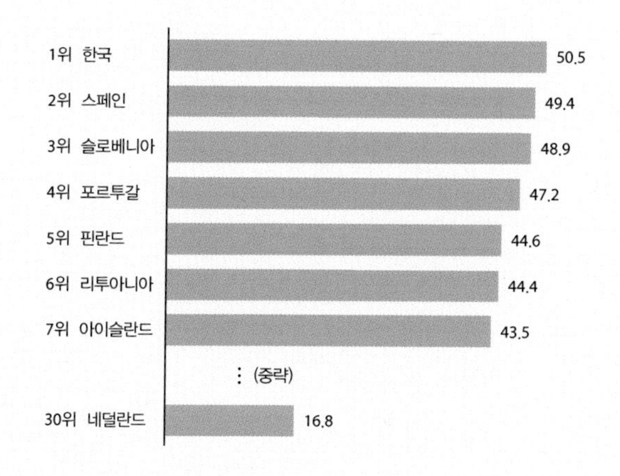

한국보건사회연구원(2015)

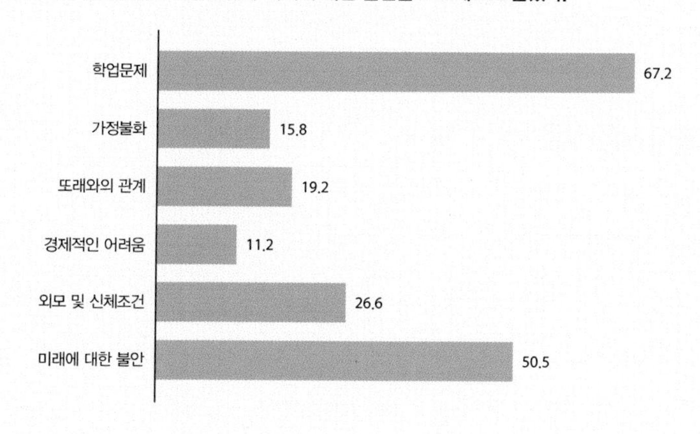

한국청소년정책연구원, 한국 아동 · 청소년 인권실태조사(2015)

우리나라 청소년의 학업과 진로에 대한 높은 스트레스는 온라인게임이나 모바일게임으로 스트레스를 풀고 싶게 만듭니다. 그런데 한번 해보고, 또 하다 보면 어느새 게임이 재밌어지고 생각보다 자주 하게 됩니다.

현실에 할 일이 많을수록 또는 어려울수록 게임으로 들어가 수많은 일을 합니다. 게임 속에서는 짧은 시간에 캐릭터가 죽기도 하는 급한 일입니다. 캐릭터를 살리기도 하고, 게임 속 임무를 해내면서 현실 과제를 해낸 것처럼 위로를 받습니다. 미해결과제가 해결과제로 넘어간 것처럼 뇌를 속이는 일입니다. 하지만 현실은 전혀 변한 게 없으므로 다시 게임 속으로 들어가고 싶어집니다.

우리나라의 높은 학업스트레스는 게임 속으로 도망치고 싶은 마음이 커지게 합니다. 게임 속은 얼마나 짜릿합니까. 그 속에는 개인이 원하는 모든 게 있습니다.

이런 여러 가지 상황이 많은 학생을 게임에 몰두하도록 만듭니다.

게임중독이 당연할 수 밖에 없는 사항들을 다시 정리해보겠습니다.

1) 게임산업의 성장

이제는 어디를 봐도 게임 광고가 눈에 띌 정도로 큰 성장을 했습니다. TV부터 지하철, 버스, 유튜브, 커뮤니티, 포탈 등 어디를 봐도 게임 광고가 넘쳐납니다. 더욱이 이제는 모바일게임환경으로 넘어와 버튼 몇 번만 누르면 새로운 게임을 시작할 수 있습니다.

그 결과 전체 성별에서 10대 87%, 20대 85%, 30대 85%가 게임을 하게 되었습니다.

여기에 하드웨어, 소프트웨어 모두 발전하여 고사양 게임을 모바일 환경에서도 쉽게 할 수 있게 되었습니다. 이제 시간 날 때 잠깐 손만 뻗으면 할 수 있습니다.

한편 게임업계 내에서는 치열한 생존 경쟁이 펼쳐집니다. 구글과 애플의 30%라는 수수료를 감당하기가 어렵습니다. 힘들게 모셔온 게이머 고객이 떠나지 않고 몰입할 수 있도록 갖은 묘수를 다 씁니다. 그 결과, 한번 시작하면 계속 새로운 할 거리, 볼거리를 만들어주며 재밌게 해줍니다.

2) 신경전달물질의 홍수

게임회사에서 유저 한 명을 접속하게 하는데 꽤 비싼 비용을 치르고 있습니다. 비싸게 모신 만큼 쉽게 떠날 수 없도록 첫인상부터 신경을 많이 씁니다. 시작부터 신경전달물질이 많이 분비되도록 치밀하게 설계를 합니다.

게임을 하면 긴장 상태와 기대, 보상이 반복되면서 아드레날린과 도파민이 반복적으로 쏟아집니다. 여기에 세로토닌과 엔도르핀도 합세하여 다양한 감정을 경험합니다.

긴장했다가 성취감을 느끼고, 분노했다가 복수의 쾌감을 느끼는 등 다양한 신경전달물질의 홍수가 일어납니다. 이렇게 선명하고 강한 감각은 현실에서 느끼기 어렵습니다. 다시 그런 느낌을 경험하고 싶어져 게임을 하게 됩니다.

게다가 청소년의 경우, 테스토스테론 분비가 증가하여 경쟁적이고, 전투적인 남성적 속성을 게임 속 가상전투를 통해 간접 경험을 할 수 있습니다. 게임 속 세상에선 때리고, 맞고, 피하고, 총 쏘고 이기는 등의 전투 경험이 짜릿하게 느껴집니다. 현실은 밋밋하고 지루하며, 재미가 없지요. 가상현실에서 죽고 죽이는 짜릿함을 느끼기 위해 게임 속 세상으로 달려갑니다.

3) 전두엽의 미완성

청소년기에는 신경세포의 신경돌기들이 계속 만들어지고 성장하는 단계입니다. 신경돌기의 가짓수가 충분하지 않아 게임 생각 외에는 다른 생각이 별로 나지 않습니다. 그래서 게임을 그만두고 싶어도 다른 '할 거리'가 마땅히 없습니다. 다른 대체물을 찾더라도 많은 신경돌기가 게임과 반응하도록 링크되어 있어서 게임 생각이 자주 납니다. 그래서 게임을 끊기 어렵습니다.

게다가 청소년기에는 전두엽을 리모델링하는 시기입니다. 아직 합리적인 판단과 통합적인 사고가 충분히 기능하지 않습니다. 합리적인 판단보다는 감정을 중요하게 생각합니다. 게임이야말로 여러 가지 감정이 샘처럼 솟아나는 공간이니 더욱 끊기가 어렵습니다.

4) 세로토닌의 감소

청소년기에는 세로토닌이 아동기와 성인기에 비해 40% 적게 분비됩니다.

세로토닌은 뇌 전체를 돌아다니며 감정 조절과 행복감을 주는 신경전달물질입니다. 세로토닌이 부족하면 우울증과 충동장애, 공격성과 폭력성에 쉽게 반응합니다.

현실에서 느끼는 불안과 우울한 감정을 게임이라는 안전한 가상공간에서 해소합니다.

게임에 몰입함으로써 현실의 불안과 우울을 잊을 수 있습니다.

5) 학업 스트레스

학업 스트레스 역시 게임을 하는 직접적인 요인입니다. 청소년이 스트레스를 해소할 수 있는 방법은 노래, 영화, 운동 등도 있습니다. 이중에서 언제, 어디서나 할 수 있는 스마트폰 환경에 재밌는 게임은 최고입니다.

이런 전반적인 상황이 쉽게 게임에 빠지는 계기가 됩니다. 많은 지표가 게임중독의 심각성과 만연함을 말해줍니다. 게임중독은 개인의 삶 전체에 큰 영향을 미칩니다. 그뿐 아니라 가정관계에서도 때로 심각한 부작용을 낳습니다. 게임이 아닌 다른 콘텐츠는 5년, 10년 열심히 하면 아마추어 전문가 수준은 되지만, 게임은 그렇지 않습니다.

청소년 시기를 어떻게 보내느냐에 따라 미래의 사회 신분까지 결정되기도 합니다. 이 중요한 시기를 게임으로 너무 많은 시간을 허비하여 나중에 후회하지 않기를 바라는 마음입니다.

게임의 재미와 속성을 이해하고, 특히 게임의 낮은 생산성을 정확히 알게 됐으면 합니다.

스티븐 스필버그 감독의 영화 『레디 플레이어 원』을 보면 게임의 미래를 실감나게 보여줍니다. 머지않아 그런 실제와 같은 가상현실 게임 세상이 펼쳐질 겁니다. 그렇게 되면 영화에서 보는 것처럼 더 심각한 게임중독 부작용이 생길 겁니다. 스티븐 스필버그 감독 역시 이런 현상을 우려하여 엔딩에서 현실 세계에 더 집중하라는 메시지를 남겼습니다.

게임중독탈출, 목표가 먼저다!

게임산업은 전방위 광고와 손쉬운 접근이 가능해졌습니다. 여기에 시각적 즐거움과 재미를 충족시켜주는 기술이 발전하고 있습니다.

게임은 앞으로 더욱더 재밌어질 겁니다. 지금보다 몰입도를 높인 가상현실기술로 무장하여 더욱 흥미로운 볼거리로 우리 앞에 나타날 겁니다.

게임의 제재는 기대하기 어렵습니다. 엔터테인먼트는 재미를 위해 존재합니다. 게임을 재미없게 만들라는 것은 넌센스 주문과 같습니다. 결국 게임은 자기 스스로 조절해야 하고, 자신의 삶은 스스로 설계해야 합니다.

무엇보다 게임을 계속하고, 틈틈이 남는 시간에는 게임 유튜브나 게임 방송을 계속 보는 이유는 게임 외에 '할 거리'를 찾지 못해서입니다. 게임 외에는 할 것이 없다는 것이 주된 이유입니다. 게임을 대체할 무언가를 찾는 것이 가장 먼저 해야 할 일입니다.

1. 나를 찾는 목표여행

게임에 익숙해진 뇌는 온갖 신경전달물질의 홍수를 겪고 있습니다. 이렇게 뇌는 게임플레이 환경에 익숙해져 있어서 원래 상태보다 약간 흥분된 상태입니다. '아, 지루해, 지루해, 빨리 재미, 재밌는 것을 달란 말이야, 빨리!' 이렇게 재밌는 것만 찾는 하루하루가 계속되고 있습니다. 차분히 자신에 대해 집중해서 생각할 기회가 없으니 매일 반복되는 게임습관에서 벗어나기 어렵습니다. 우선 게임을 중단하고 뇌의 가볍고 시끄러운 패턴에서 재정비할 시간이 필요합니다. 게임 자극에 계속 빠져있는 뇌는 계속 강한 자극을 원합니다. 그것은 긴장감 있고, 흥미진진하고, 재밌습니다. 게임이 끝난 후에 찾아오는 조용함과 심심함은 너무나도 지루하고 재미없습니다.

언제나 게임 할 궁리를 찾으며 게임 생각을 하면 다시 흥미로운 기분이 들고 기대감이 생깁니다. 게임 속에는 수많은 계획과 할 일들이 나를 기다리고 있고, 내 분신과 실력을 완성해가고 성장해가며 성취감을 느낍니다. 가상의 일들을 해내며 생동감을 느낍니다. 때때로 게임을 좀 줄이려고 한동안 참을 때도 있지만 금방 지루함이 찾아오고 손이 근질근질해집니다. 이런 심심함을 견디다 못해 다시 게임을 하면 속이 다 후련합니다.

할 일이 있어야 한다는 말은 맞는 말입니다. 다만 게임이 아닌 현실에서 할 일이 있으면 더욱 좋습니다. 현실에서 어떤 인생을 살고, 평생 내가 할 일이 뭔지 생각해보는 시간을 가져야 합니다.

우리는 매일 조금씩은 자기 자신에 대해 생각하고 있습니다.

『1.4 킬로그램의 우주, 뇌』를 보면, 자신에 관한 중요한 이야기가 있습니다. 우리는 하루 종일 외부와 감각적으로 연결되어 있습니다. 그러다가 잠들기 전이나 고요한 순간에 감각정보가 들어오지 않게 되면 내재상태 네트워크 영역에 불이 들어옵니다.

내재상태 네트워크는 자전적 기억, 미래예측, 마음이론, 도덕적 의사결정 영역입니다.

자전적 기억은 오늘 내가 뭐했었지? 나는 무엇을 하고 있나? 이런 자신에 관한 기억을 말합니다.

미래예측은 말 그대로 앞으로 어떻게 될까? 나는 어떻게 될까? 나는 무엇을 해야 할까? 이런 미래에 관한 예측 또는 생각입니다.

마음이론은 '다른 사람은 날 어떻게 생각할까? 다른 사람은 왜 그렇게 생각할까? 누구는 왜 그랬지? 다른 사람 눈에 비친 나, 또는 다른 사람'에 대해 생각합니다.

도덕적 의사결정은 '나는 지금 잘하고 있는 걸까?', '어떻게 해야 잘하는 걸까?' 같은 생각입니다.

대부분 자신에 관한 생각, 앞으로 자신이 어떻게 잘 살지에 대한 생각을 가장 많이 합니다. 이것도 사회 속에서 어떻게 살아야 할까를 고민하는 사회적인 모습입니다.

청소년의 스트레스 원인 중 가장 큰 두 가지는 학업과 진로문제입니다. 학업과 진로문제야말로 앞에서 말한 내재상태 네트워크의 핵심입니다. 많은 사람이 현재 자신이 잘 살고있는지, 앞으로는 어떻게 살지 고민하지만, 청소년 역시 내면에 이런 생각을 항상 가지고 있습니다.

우리는 모두 자기 자신에 관한 생각을 많이 합니다. 하지만 매일 똑같이 반복되는 생활 패턴으로 인해 생각은 하지만 변화에 이르지는 않습니다. 반복되는 패턴은 습관화되어 견고하게 굳어져 있습니다. 그래서 변화까지 이뤄내기 위해서는 훨씬 더 깊이 자신을 살펴봐야 합니다.

우리의 뇌는 편하고 재밌는 것을 무척 좋아합니다. 항상 재미를 쫓아다니고 싶어 하는 뇌를 잠시 쉬게 해서 최대한 심심하고 따분하게 만듭니다. 그러면 내재상태 네트워크가 활성화되면서 저절로 자신을 돌아보는 시간에 집중할 수 있습니다.

먼저 '나를 찾는 여행'을 통해 여러 게임의 자극에 익숙해진 뇌를 쉬게 하는 것이 첫 번째 목표입니다. 동시에 그동안 자신에 대해 많은 시간 숙고하는 시간을 갖습니다.

이 기간에는 새로운 것을 보고, 먹는 것보다는 차분한 상태를 유지해서 내재상태 네트워크를 계속 활성화 시키면서 오직 나만 생각합니다.

우리가 차분히 스스로에 대해 생각하다 보면 내가 어떻게 되길 바랄까요?

쉬나 아이엔가(Sheena Iyengar)는 『쉬나의 선택실험실』에서 이렇게 얘기하고 있습니다.

"우리는 흥미로운 사람이고 싶지만, 관심을 끌고 싶어 안달 난 사람처럼 보이긴 싫다.

똑똑하게 보이고 싶지만, 허세를 부린다는 인상은 주기 싫다.

상냥하게 보이고 싶지만, 비굴한 사람으로 인식되기는 싫다.

우리는 다수로부터 두드러져 보이기를 원하지만, 너무 외로운 소수보다 딱 적당하게 특이할 때 가장 기분이 좋다."

그렇습니다. 우리는 모두 특별한 사람이 되고 싶어 합니다. 또 자신은 적어도 남들보다는 조금 더 낫다고 생각합니다.

평균 이상 효과(better than average effect)라고도 불리는 이 현상은 90%

의 사람은 자신이 전반적인 지능과 능력 면에서 상위 10%에 속한다고 믿고 있습니다.

자신은 동년배들보다 젊어 보인다고 생각하고, 자신은 다른 사람보다 병에 덜 걸릴 것으로 판단합니다. 운전 중에도 더 안전할 것으로 생각합니다. 자신을 남들보다 특별히 더 좋게 판단합니다.

이 현상은 '레이크 워비곤(Lake Wobegon)' 효과라고 불리기도 합니다. 라디오 진행자 개리슨 케일러가 지어낸 미네소타에 있는 가상의 마을이름입니다.

그가 이 마을을 소개하길, "그곳의 여자는 모두 강하고, 모든 남자는 잘생겼으며, 모든 아이는 평균 이상으로 똑똑하다"고 합니다.

이렇듯 우리는 자신을 가장 많이 생각하고, 또 특별해지고 싶고, 어느 정도는 특별하다고 생각합니다. 당연한 일입니다.

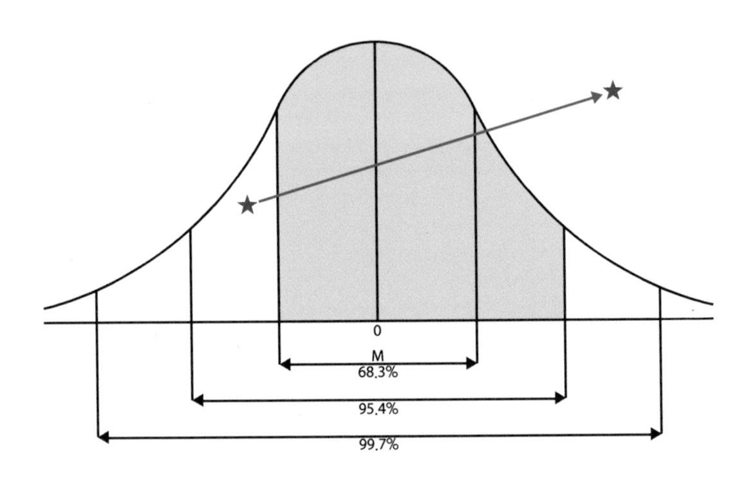

우리가 되고 싶은 평균 이상

위 정규분포 그래프에서 90%의 사람들은 평균 이상의 위치에 가고 싶어 합니다. 나 자신이 사회 평균보다 낮은 위치에서 계속 살아가고 싶진 않을 겁니다.

우리는 자기전이나 조용한 시간 틈틈이 자신에 대해 생각하면서 남들과 똑같이 되기보다는 남들보다 다르고 싶어 합니다.

보통 사람들 대부분은 생존을 위해 안정된 삶과 미래를 원하고 있으며, 적어도 다른 사람들의 평균수준보다는 조금이나마 더 나은 삶을 살고 싶어 합니다.

이게 해결되지 않으면 기분이 나쁩니다. 사회 평균보다 낮은 위치라고 생각되면 상대적 박탈감을 느끼거나 열등감을 느낍니다. 게다가 미래의 삶도 불안정하다면 행복감을 느끼는 시간보다 불안감과 열등감을 느끼는 시간이 더 많을 겁니다. 억지로 행복감을 느끼기 위해 또는 불안감으로부터 멀어지기 위해 게임이나 알코올을 찾는 경우도 생길 수 있습니다.

우리는 안정적인 미래의 삶을 원하고 사회적 지위도 평균 이상이 되기를 바랍니다.

이를 위해 자신의 미래를 어떻게 만들어갈지 인생 그래프로 한번 그려봅니다.

영화나 만화에 등장하는 주인공들은 영웅이 되기 위한 성장곡선이 있습니다.

평범했던 주인공이 작은 위기를 겪으면서 동료를 만나 성장합니다. 악당 보스에게 얻어맞고 추락합니다. 방황하기도 하고, 무모한 도전으로 위기에 처합니다. 이때 조력자가 나타나 새로운 힘을 얻습니다. 보스에게 재도전하고, 승리가 눈앞에 보이는 듯하지만, 한순간의 방심이나 악당의 비겁한 행동으로 기회를 놓치고 커다란 위기에 빠지려 합니다. 이때 조력자나 동료의 희생으로 주인공은 각성하여, 악당 보스를 물리치며 완전한 영웅으로 재탄생합니다.

이것을 인생 그래프로 그려보면 이런 모습이 될 겁니다.

나는 어떤 인생 그래프를 그리고 싶은지 한번 그려봅니다.

자신에 대해 생각하면서 앞으로 어떤 인생이 펼쳐질지 그 모습을 그려봅니다.

계속 게임을 하게 되면 어떻게 될 것 같은지도 예상해봅니다.

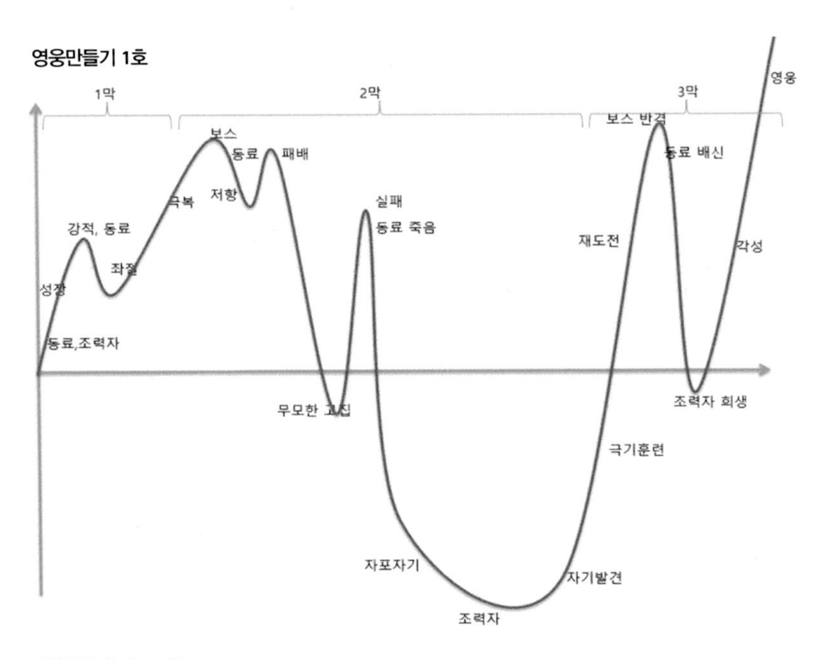

영웅만들기 1호 그래프

내 인생 그래프

2. 지피지기: SWOT 분석과 STP 전략

자신을 가장 잘 아는 사람은 누구일까요? 바로 자기자신입니다.

그런데 자신을 가장 많이 생각하는만큼 잘 되기를 바라고, 잘 될 것이라는 막연한 기대를 가지고 있습니다. 잘 되기 싫은 사람이 있을까요? 누구라도 인생그래프의 마지막은 위로 올라가는 방향을 그렸을 겁니다.

확실한 근거는 없지만, 자신은 잘 되리라는 기대심을 낙관 편향이라고 합니다. 미래를 설계해야 하는 인류에게는 필요한 마음가짐 중 하나입니다. 하지만 근거없는 자신감과 희망으로 실패할 확률도 커집니다. 이것을 극복하는 방법은 자기자신을 객관적으로 정확히 아는 것입니다.

SWOT 분석

게임 제작과정에서 한 번 소개한 SWOT 분석은 원래 제품의 장단점과 환경을 분석하는 도구입니다. 이 분석은 상당히 간편하고 강력한 도구입니다.

이번에는 제품 대신 나라는 사람을 하나의 시장에 출시할 제품이라고 생각해보고 분석해봅니다.

나의 강점과 약점은 무엇인가, 현재 사회의 위기와 기회는 무엇인가?

상품에 적용하던 전략을 직접 나 자신에게 적용해 분석결과를 만듭니다.

우리가 직장을 구하고 사회생활하는 것을 살짝 돌려 표현하면 사회나 기업이라는 곳에 나라는 상품을 파는 것과 비슷하다고 볼 수 있습니다. 기업주 입장에서 나를 고용하는 것이 기업에 그 이상의 이익을 가져다줄 수 있는지, 스스로 창업한다면 내가 시장에서 경쟁력 있는 전문지식이나 노하우

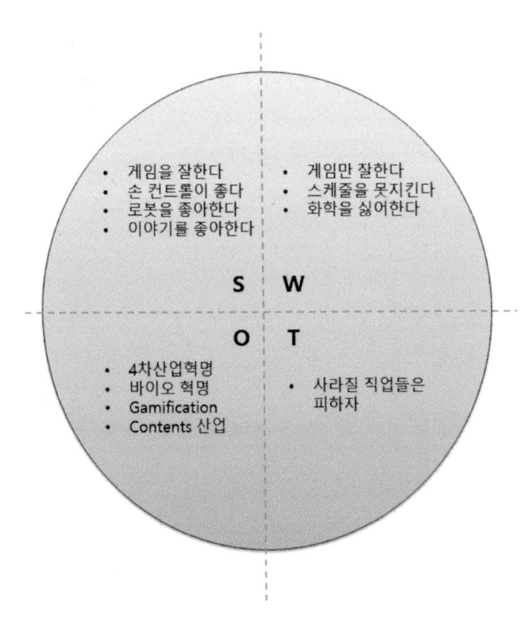

자신의 SWOT를 완성해봅니다. SWOT 예시

가 있는지를 생각해봅니다.

사회의 발전 방향을 고려해 앞으로 직업군이 넓어지고 다양해지는 분야를 선택하는 것이 좋고, 사라질 직업군이나 로봇 등으로 대체될 것이 예상되는 직업군은 피하는 것이 좋을 것입니다.

또 자신의 강점을 두드러지게 하는 분야를 선택하는 것과 약점을 보완하는 것 중 어느 것을 먼저 선택할지 등 SWOT 분석은 객관적인 자신의 경쟁력을 판단하기에 도움이 될 것입니다.

STP 전략

SWOT를 통해서 나의 강점과 약점과 사회의 방향을 알았다면 사회의 어느 분야를 공략할 것인지 조금 더 구체화 시킬 수 있습니다.

사회에 빛나는 자리를 찾는 것은 나라는 상품을 론칭하는 것과 같습니다.

내가 가장 강점이 있는 곳이나 가장 돋보일 수 있는 곳을 타겟으로 만듭니다.

STP 역시 앞서 2부 게임제작과정에서 좋은 포지셔닝을 위한 전략으로 소개한 적이 있습니다. 무엇을 배우고, 어떻게 시장에 진입해서 경쟁자들 사이에서 자신을 빛낼 것인지 고민해봅니다.

미래엔 내게 희망이 있고, 나는 잘 되리라 생각하지만, 냉정하고 객관적으로 판단했던 대표적인 인물, 미해군 중장 제임스 본드 스톡데일을 소개합니다.

*** 스톡데일 패러독스**

베트남 전쟁 당시 미군장교(당시 중령)였던 제임스 본드 스톡데일은 1965년 임무 중 포로로 잡히고 맙니다. 이후 혹독한 고문과 열악한 수용소 생활로 대부분의 동료들은 견디지 못하고 죽고 맙니다. 스톡데일은 1973년, 7년 반만에 가까스로 석방되어 미국으로 돌아가게 됩니다. 이후 어느 인터뷰에서 지옥같은 포로수용소에서 많은 사람들이 죽었는데 스톡데일은 어떻게 살아남았는지 묻는 질문에 이렇게 대답합니다.

"나는 언젠가 포로수용소에서 나갈 것과 거기에서의 생활이 내 삶에 귀중한 경험이 될 것이라는 사실을 의심하지 않았습니다. 하지만, 지나치게 낙관적인 사람들은 모두 죽었습니다. 크리스마스나 부활절에 풀려나길 막연히 기대했던 사람들은 계속 반복되는 상실감을 이겨내지 못했습니다. 이건 아주 중요한 교훈입니다. 절대 포기할 수 없는 목표는 반드시 이루겠다는 믿음과 냉혹한 현실을 직시하는 훈련을 절대 게을리해서는 안됩니다."

인터뷰를 진행했던 제임스 콜린스가 이를 두고 스톡데일 패러독스(역설)라는 이름을 붙였습니다.

3. 목표 세우기

목표는 우리를 움직이게 만듭니다. 목표가 없으면 우리는 움직이지 않습니다. 반드시 목표를 세우고 세부 실천 전략을 짜는 훈련을 합니다. 큰 목표가 보이지 않으면 우선 작은 성취 목표라도 세워 큰 목표를 찾기까지 연습을 해보도록 합니다.

목표를 구체적으로 만들어가는 과정을 노트에 적어두는 것도 좋습니다. 목표를 도출할 때의 과정을 기록하면 나중에 어떤 것을 중요하게 생각하여 목표를 결정했는지 알 수 있습니다. 나중에 목표의 중요성을 다시 생각할 때가 올 수도 있고, 목표를 바꾸고 싶을 때도 확인할 수 있어 목표 도출 과정은 기록해두는 것이 좋습니다.

1. 연간 목표

먼저 자신의 버킷리스트를 만들어 보는 겁니다. 잭 니콜슨과 모건 프리먼이 주연했던 『버킷 리스트-죽기 전에 꼭 하고 싶은 것들』(2007)을 보면 클럽에서 여자 꼬시기, 문신하기, 낙하산 타기 등 소박하고 개인적인 리스트들입니다. 물론 에베레스트 등반 등 평생 엄두도 못 낼 만한 리스트도 있습니다. 뭐 어떻습니까? 생각나는 게 있으면 모조리 적어보는 겁니다. 이 과정에서 의외의 통찰을 보는 경우도 많습니다. 생각지도 않았던 인생 목표를 이번 기회에 찾을 수도 있습니다. 또 전혀 나답지 않은 목표인데 생각해보니 해보고 싶어진다든가, 깊게 생각하다 보면 나도 모르는 내 모습에 놀라기도 합니다.

허영만의 명작 『타짜』 시리즈 중에서 3부를 보면 도일출이라는 별 볼 일 없는 주인공이 포우라는 정체불명의 사내를 만나 그에게 영혼을 팔기로 합니다. 그리고 가장 먼저 했던 일이 학창시절 자신을 괴롭혔던 친구들에게 복수하는 일이었습니다. 도일출에게는 못난 자신에서 새로운 자신으로 재탄생하기 위해 필요한 일이었습니다. 버킷 리스트는 자신을 열등감에 빠지게 했던 사건들과 결별하며 자신감 있는 나로 재탄생하기 위한 리스트가 될 수도 있습니다.

『라라랜드』로 유명한 데이미언 셔젤 감독의 다른 작품인 『위플래쉬』를 보면 성공을 목표로 하는 성실한 학생 앤드류가 플래처의 음모에 걸려 음악계에서 퇴출당할 위기에 처해 도망칩니다. 거기서 아버지의 포옹과 격려를 받고 다시 무대로 돌아가 마지막 연주를 멋지게 장식합니다. 사회적으로 죽고 나서 아버지의 격려를 받고 부활하는 앤드류의 모습입니다.

『매트릭스』의 네오가 안정된 가상현실 속의 쾌락을 버리고, 빨간약을 선택하면서 진짜 현실과 마주합니다. 깨어나 보니 시궁창 같은 현실에서 목숨 걸고 자신만의 인생을 살게 됩니다.

『브이 포 벤데타』에서는 나탈리 포트만이 누명으로 사형을 선고받고 괴로워하다, 사형일에 가까워지자 오히려 목소리가 더 당당해지며, 자신의 삶을 살기 시작합니다.

이 주요달성 목표 리스트는 과거의 죽음과 새로운 부활을 위한 과제를 찾아내는 일입니다. 지금 생각하기에 과거의 일들이 자꾸 떠오른다면 그것은 나의 미해결과제이며 주요달성 목표에 올릴 필요가 있습니다.

이 리스트는 '10년 우정이 한순간의 오해 따위로 절교한 친구에게 먼저 편지 쓰기', '할머니에게 사랑한다'고 얘기하기 등의 마음속에만 담아두고 겉으로 표현하지 못한 숙제를 해결하는 것도 될 수도 있습니다. 또 '100만 원짜리 프리미엄 스마트폰을 산다.' 같은 위시리스트가 될 수도 있습니다. 만약 자신이 하는 게임에 대해 진지하게 목표를 가지고 훈련해나가는 계획이 있다면 이것도 목표가 될 수 있습니다. 예를 들어 1만 명 구독자를 가진 유튜버 되기 또는 BJ 되기를 목표로 삼는 것도 좋습니다. 중요한 것은 목표

없이 하루가 지나가는 것과 목표를 가지고 차근차근 스텝을 밟아나가는 것은 수년 후 엄청난 격차가 벌어진다는 것입니다. 실현이 어려운 목표라면 우선은 어려운 대로 두면서 기회를 노려봅시다. 쉬운 것이라면 차근차근 단계별로 언제까지 실현할 것인지 연간 주요달성 목표를 작성합니다.

나이	연간 주요달성 목표
14	
15	
16	
17	
18	
19	
20	
21	
22	

〈연간 주요달성 목표〉

연간 목표를 작성해보면 하나의 목표를 달성하기 위해서 생각보다 노력이 많이 필요하다는 것을 알게 됩니다. 특히 목표가 달성되기 위해서는 작은 목표들의 부분달성으로 구성되고 하나하나의 목표마다 집중하는 시간이 많이 필요한데, 하루하루 생활하다 보면 그 시간을 만들기가 쉽지 않습니다.

그러므로 목표를 우선 잡아야 자신의 시간을 아껴 쓰고, 목표에 맞게 시간을 나눠 써야 하는 것을 배우게 됩니다.

2. 만다라트 계획표

목표를 기록하고 달성하기 위해 쓰이는 도구는 많은 자기계발서에서 소개하고 있습니다.

그중에서 최근 오타니 쇼헤이 계획표로 주목받고 있는 만다라트 계획표를 소개하고자 합니다.

오타니 쇼헤이는 1994년생의 일본인으로 193cm에 92kg의 훌륭한 체격을 가지고 있습니다. 투수와 타자를 겸하는 이도류 선수로 고등학생 때 아마추어 선수로는 최초로 160km/h를 던졌습니다. 일본프로야구에서 우수한 성적을 거두고 현재 메이저리그에 진출했습니다. 현재 이도류로는 전 세계 단 한 명만 있는 엄청난 선수입니다. 투수나 타자 하나에만 집중해도 살아남기 어려운 프로의 세계에서 투타겸업으로 성공을 꿈꾼다는 자체가 불가능에 가까운 미션입니다. 많은 사람이 둘 중 하나를 결정해야 한다고 조언했지만, 주위의 우려에도 불구하고 2014년 일본프로야구 역사상 처음으로 10승에 10홈런을 달성합니다.

이 괴물 같은 젊은 야구천재가 활용했던 실천계획표가 바로 만다라트 계획표입니다.

만다라트 계획표는 보시는 바와 같이 9X9로 구성된 계획표입니다. 하나의 칸은 작은 9개의 칸으로 구성되고, 가운데 목표를 적고, 가운데를 둘러싼 8칸은 세부실천계획을 적습니다.

만다라타 계획표는 보는 즉시 알 수 있을만큼 구성이 간단합니다.

첫째는 정 가운데에 최종 목표를 적는 것.

둘째는 최종 목표를 달성하기 위한 8개의 세부 목표를 적는 것.

실천1								
	목표1			목표2			목표3	
			목표1	목표2	목표3			
	목표4		목표4	최종목표	목표5		목표5	
			목표6	목표7	목표8			
	목표6			목표7			목표8	

만다라트 계획표

몸관리	영양제먹기	FSQ 90kg	인스텝 개선	몸통강화	축을 흔들리지 않기	각도를 만든다	공을 위에서 던진다	손목강화
유연성	**몸 만들기**	RSQ 130kg	릴리즈 포인트 인정	**제구**	불안정함을 없애기	힘 모으기	**구위**	하체 주도로
스태미너	가동역	식사 저녁 7수저 (가득) 아침 3수저	하체강화	몸을 열지 않기	멘탈 컨트롤 하기	볼을 앞에서 릴리즈	회전수업	가동역
뚜렷한 목표, 목적을 가진다	일희일비 하지않기	머리는 차갑게 심장은 뜨겁게	**몸만들기**	**제구**	**구위**	축을 돌리기	하체강화	체중증가
핀치에 강하게	**멘탈**	분위기에 휩쓸리지 않기	**멘탈**	8구단 드래프트 순위	**스피드 160Km/h**	몸통강화	**스피드 160km/h**	어깨주의 강화
마음의 파도를 만들지 말기	승리에 대한 집념	동료를 배려하는 마음	**인간성**	**운**	**변화구**	가동역	라이너 캐치볼	피칭을 늘리기
감성	사랑받는 사람	계획성	인사하기	쓰레기 줍기	부실 청소	카운트볼 늘리기	포크볼 완성	슬라이더의 구위
배려	**인간성**	감사	물건을 소중히 쓰자	**운**	심판분을 대하는 태도	늦게 낙차가 있는 커브	**변화구**	좌타자 결정구
예의	신뢰받는	지속력	플러스 사고	응원받는 사람이 되자	책읽기	직구와 같은 폼으로 던지기	스트라이크에서 볼을 던지는 제구	거리를 이미지한다

오타니 쇼헤이의 만다라트 계획표

셋째는 세부 목표를 달성하기 위한 실천과제를 적는 것.

다음은 그대로 실천하기만 하면 되겠지요.

중요한 것은 자신만의 목표를 생각해서 적는 것입니다. 꼭 적어보시기 바랍니다.

4. 마음가짐

자신이 가야 할 적극적인 목표를 세웠으면, 경쟁세계로 들어갑니다.

경쟁세계에 진입하는 순간 아마 깜짝 놀랄 겁니다.

이미 달리고 있는 사람들이 엄청나게 많다는 것을 알았을 테니 말입니다.

목표를 세운 순간부터 치열한 경쟁세계가 눈에 들어옵니다.

수많은 프로게이머 지망생과 소수의 프로게이머 세계,

오직 실력만으로 검증받는 프로게이머의 세계는 그야말로 정글과 같습니다.

데뷔한 1군 프로게이머는 팀을 살리는 영웅입니다.

2군이나 지망생은 1군을 목표로 고독을 씹으며 훈련하는 연습벌레입니다.

프로야구, 프로축구 등을 목표로 하는 운동선수도 마찬가지입니다.

악기를 연주하는 음악가, 연주자의 세계도 일류 연주자가 되겠다고 목표를 세운 순간부터 경쟁의 세계가 펼쳐집니다.

학생을 경쟁에 내몰지 말라고 얘기하고 있지만, 그것은 끝까지 아무것도 되고 싶지 말라는 말과 같습니다.

사실 경쟁 자체가 나쁜 것도 아니고 피할 수 있는 것도 아닙니다. 경쟁의

낙오자를 대하는 우리의 태도가 진짜 문제입니다. 다시 힘을 내 도전할 수 있도록 응원합시다.

에이미 커디(Amy Cuddy)는 인터뷰 실험을 통해서 '자신감 있는 태도'로 인터뷰에 응하는 것만으로도 테스토스테론이 20%나 더 분비되는 사실을 증명했습니다. 테스토스테론은 경쟁을 두려워하지 않는 에너지가 됩니다.

마찬가지로 자신감 있는 마음가짐으로 목표를 대하면 실천력이 올라갑니다. 이는 스톡데일 장군이 알려준 교훈과도 일치합니다.

이는 결국 목표 〉 실천 〉 자신감 있는 태도 〉 테스토스테론 증가 〉 경쟁심 향상 〉 성취 증가 〉 도파민 증가 〉 실천력 상승 〉 경쟁력 상승 〉 세부 목표 달성 〉 도파민 증가 〉 선순환 사이클로 진입합니다.

이렇게 자신을 살펴보고 가야 할 길을 정한 뒤 실천해나가면 '발은 땅에 딛고, 시선은 하늘'을 볼 수 있습니다. 다음에는 목표과제와 더불어 필수 실천과제를 말씀드리고자 합니다.

게임중독탈출,
실천이 전부다!

1. 운동

미국 최초의 흑인 대통령인 버락 오바마는 1961년 하와이 호놀룰루에서 태어났습니다. 아버지는 케냐 출신의 유학생이며, 어머니는 캔자스 출신의 백인이었습니다. 같은 학교에 다니던 그들은 금방 사랑에 빠져 결혼했습니다. 버락 오바마를 낳은 후 오래지 않아 이혼했고, 학업을 마친 오바마의 아버지는 케냐로 돌아 가버렸습니다. 어머니는 인도네시아 출신의 유학생과 다시 결혼하며, 한때 오바마를 데리고 남편과 아시아에서 살기도 했습니다. 백인 어머니와 흑인 아버지에서 태어난 흑인 오바마는 아시아인 새아버지와 함께 살며 정체성에 큰 혼란을 겪었습니다. 그러다 10살에 다시 하와이로 돌아와 외조부모와 함께 살며, 청소년기에 마약에도 손을 대는 등 많이 방황했습니다. 오바마가 다녔던 고등학교에는 흑인이 드물었습니다. 하지만 고등학교 시절 오바마는 농구를 좋아하고, 또 잘했습니다. 뛰어난 농구 실력으로 학교에서 백인들과 친구가 될 수 있었습니다. 농구를 통해 정체성 혼란을 이겨내고 자신의 길을 찾기 시작했습니다. 이것이 운동의 유익한 효과입니다.

이렇게 운동은 부정적인 감정을 씻어낼 수 있는 강력한 도구입니다. 이 부분만 보면 게임도 나쁘기만 하지는 않습니다. 게임도 부정적인 감정을 씻어낼 수 있는 도구가 될 수 있기 때문입니다. 하지만 게임과 운동의 결과는 엄청난 차이를 만들어냅니다.

게임은 로그아웃한 순간 다시 원점으로 돌아오며 현실은 변화하지 않습니다. 오히려 시간이라는 중요한 기회비용을 날려버림으로써 미래의 가능성에 큰 손실을 보게 됩니다.

반면, 운동의 효과는 현실적으로 유지되며 5년 이상 꾸준히 훈련하면 '게임 속에서 실력상승으로 우월감을 느끼듯이' 운동을 하는 그룹에서 확실한 우월감을 계속 가질 수 있습니다. 여기에 체력, 인내력, 지구력도 상승하여 미래에 좋은 영향을 미칩니다.

이런 만족스러운 결과가 운동과 스포츠를 강력하게 권하는 이유이며 가장 먼저 실천해야 할 과제로 소개하는 이유입니다.

'누구나 그럴싸한 계획을 가지고 있다. 한 대 맞기 전까지는.

(Everyone has a plan, until they get punched in the mouth.)'

이 말을 한 사람은 프로통산 전적 58전 50승 44KO 6패 2무효를 기록한 마이크 타이슨입니다.

그는 불우한 어린 시절을 보내며 10살 때 브루클린 흑인갱단에 가입하고, 12살 때까지 수십번 체포되고 소년원에 수감 되기도 했던 아이였습니다. 그러던 중 소년원 복싱 트레이너 바비 스튜어트의 소개로 '커스 다마토(1908년~1985년)'라는 명 트레이너를 만나게 됩니다.

커스 다마토는 마이크 타이슨의 정신적 아버지이자 최고의 트레이너였습니다. 타이슨은 그를 아버지처럼 따르며 열심히 복싱을 배웠습니다. 1985년 커스 다마토가 사망한 후 1986년 20세의 나이에 WBC 헤비급 챔피언이 됩니다. 타이슨은 핵주먹으로 헤비급 역사를 새로 쓰며 화려하게 데뷔하고는 핵이빨 사건과 성폭행 스캔들로 급격히 몰락해버렸습니다. 커스 다마토가 조금만 더 오래 살았더라면, 또는 타이슨이 자기관리에 더 철저했더라면 복싱 역사가 달라졌을 것입니다. 타이슨 역시 운동을 통해 재탄생한 인물입니다.

운동을 통해 과거의 불행에서 최고의 자리에 오른 다른 인물 랜스 암스트롱의 이야기를 해보겠습니다.

랜스 암스트롱은 세계 최강의 사이클리스트가 되기 위해서 누구보다 치열하게 노력했습니다. 텍사스에서 보낸 가난한 어린 시절, 자신을 버린 친아버지로 인해 고생스럽게 일하시는 어머니와 걸핏하면 충돌하던 의붓아버지와 함께 자랐습니다. 이토록 암울한 현실을 벗어날 수 있는 유일한 출구는 바로 자전거였습니다. 랜스 암스트롱은 기분이 우울할 때마다 미친 듯이 자전거를 탔습니다. 자전거는 그의 친구였고, 탈출구가 되었습니다. 이후 그는 자전거를 통해 최고의 자리에 올라갔습니다. 그러나 최고의 자리로 올라간 후 그는 옳지 못한 판단을 했습니다. 1등이라는 자리를 유지하기 위해 금지약물을 사용하고 만 것입니다. 그는 세계 최고 권위 사이클 대회인 '투르 드 프랑스' 대회에서 사상 최초 7년 연속 우승이라는 대기록을 세웠습니다. 하지만 도핑 위반으로 모든 기록을 박탈당하고, 사이클계에서 영구 추방되고 말았습니다.

마이크 타이슨과 랜스 암스트롱이라는 두 인물의 이야기는 어떤 불우한 과거라 하더라도 운동을 통해 최고의 자리에 오를 수 있다는 가능성을 보여 줍니다. 한편, 최고의 자리에 올랐을 때 그것을 관리하는 것이 얼마나 어려운 일인지 그들의 몰락을 통해 가르침을 주고 있습니다. 우리는 이들을 통해 운동의 기적 같은 효과와 좋은 인성의 중요성을 모두 배울 수 있습니다.

게임에 완전히 중독되어 밀폐된 공간에서 홀로 3년 이상 게임만 하다 보면 사회적 자신감도 매우 떨어지고, 자존감도 낮아져 사회적인 활동을 꺼리게 됩니다. 사회적으로 열등감을 많이 느끼게 되고, 다른 사람이 자신에 대해 이야기를 하면 쉽게 공격적으로 반응하는 경우도 많습니다.

이런 반응의 원인은 대부분 내 자존감이 허약해졌기 때문입니다. 많은 책에서 '자존감이 낮아서 문제다.' 라고 합니다. 하지만, 책에서 읽고 '아 그런 것 같다'라고 느끼는 것과 '내 안에서 부정적인 감정을 일으키는 마음'을 직접 마주하는 것과는 하늘과 땅 차이입니다.

운동을 하다 보면 끊임없이 자신과 대화를 합니다. 그러던 중 불쑥불쑥 올라오는 부정적인 마음과 대면하게 됩니다. 그때 자신의 마음과 마주 보고 이야기를 해보아야 합니다. 그 마음과 얘기해보면 그도 나름대로 논리가 있습니다. 그러면 무언가 부정적인 기억 하나에 딱 꽂혀 있다는 것을 알게 됩니다. 그 이야기만 집요하게 강조합니다. 그 마음을 자세히 관찰하다 보면 괴롭히는 확률이 줄어듭니다. 말 그대로 확률만 줄어드는 것이지 비슷한 상황이 오면 또 나타나 부정적인 생각에 괴롭힙니다. 생각의 방향은 대체로 잘 바뀌지 않습니다. 이는 하루아침에 생긴 것이 아니라, 오랜 기간 누적된 부정적인 감정과 같습니다. 이 부정적인 감정이 생각의 방향으로 굳어진 것은 열등감을 자극하는 주변 환경의 영향이 큽니다. 사회 분위기, 주변 평가, 자신의 높은 목표, 이런 내면적 평가에서 열등감이 자극받습니다.

개인심리학을 탄생시킨 알프레드 아들러(Alfred W. Adler)에 의해 열등감과 우월감이 주목을 받기 시작했습니다. 우월감과 열등감은 생물의 기본 마음인 잘 살고 싶어 하는 마음에서 출발합니다. 남들보다 뛰어나다고 생각되는 우월감은 생존에 안정감을 줍니다. 반대로 남들보다 약하다고 생각되는 부분은 노출되지 않도록 노력합니다. 약점이 노출되면 생명에 위협이 될 수 있기 때문입니다. 그리고 약점을 보완하려고 노력합니다. 이런 식으로 열등감은 노출되는 것을 극도로 꺼리고, 열등감을 보완하려고 노력합니다. 만약 열등감이 공개적으로 노출되면 인정하지 않고, 부인하거나 분노합니다. 약점이 공개적으로 노출된다는 것은 생명에 위협을 느끼는 것과 같습니다. 어찌 보면 당연한 생존 반응입니다.

열등감은 내가 남들보다 못나고 부족하게 느끼는 겁니다. 이것은 단지 생각만으로 만들어낸 부정적인 평가가 아닙니다. 주위에서 나를 쉽게 무시하고, 나 자신도 그렇게 느끼는 실체적인 반응입니다. 다시 말하면 주변에서 나를 중요한 사람으로 여기지 않을 때입니다. 내 가치를 높게 평가하지 않는 것, 나를 쉽게 무시하는 것, 나를 알아주지 않는 것, 자존감이 낮은 것, 모두 내가 중요하지 않다는 것을 말과 눈빛, 태도로 오랜 기간 이야기해온 누적된 결과입니다.

이것은 단지 나를 더 사랑하자, 나를 사랑해야 해, 나는 괜찮아, 이런 생각의 변화만으로는 잘 해결되지 않습니다. 왜냐면 주변의 시선, 태도, 반응 등에서 풍기는 말과 태도, 눈빛, 뉘앙스들이 하나같이 내 성질을 건드리는 것 투성입니다. 집에 혼자 있게 되거나 하면 그 감정들이 더 크게 다가옵니다. 열 받고, 분노하고, 짜증 난 상태가 됩니다. 하지만 쉽게 공격성을 드러낼 순 없습니다. 우리는 어쩔 수 없이 사회적 관계를 유지해야 하는데 공격성을 드러내서 관계가 깨어지면 그게 더 손해라고 판단하기 때문입니다. 이렇게 우리의 뇌는 손익계산을 감각적으로 하고 있습니다. 그리고 무시당한 분노는 감추고 담아두다가 정말 관계를 끝내겠다고 마음먹고 절교의 순간이 왔을 때 감춰왔던 분노를 모두 폭발시켜버립니다. 한순간에 돌아서며 폭언을 퍼붓는 이유가 그런 겁니다. 이제 참을 이유가 없어진 것이죠.

불우한 어린 시절을 보냈던 마이크 타이슨과 랜스 암스트롱도 마찬가지로 언제나 수많은 분노가 떠올랐을 겁니다. 운동을 통해 끊임없이 부정적인 감정과 마주하고 절제하고 이겨내며 최고의 자리에 올랐습니다. 때로 이런 부정적인 감정들 때문에 더 게임에 몰입하기도 합니다. 게임을 하는 동안에는 집중하고 몰입하게 되어 부정적인 생각이 떠오르지 않으니 잠시나마 편한 느낌을 받습니다.

운동과 게임은 공통점이 많습니다. 정해진 규칙을 익히는 것, 규칙 내에서 경쟁하는 것, 이기는 것은 기분이 좋고, 지는 것은 기분이 좋지 않다는 것, 그래서 이기려고 노력하게 되는 것 등 규칙과 승리를 위해 경쟁하는 부분들이 게임과 유사합니다.

게임이 주는 자극들에 익숙해진 상태에서 그정도의 자극을 대체할 수 있는 것도 운동이 가장 좋습니다. 게임이 정신적인 자극을 뇌에 강하게 준다면, 운동은 물리적인 자극을 육체에 강하게 줍니다. 운동의 자극은 게임만큼 크기 때문에 게임의 유혹을 이길 수 있습니다. 그중에서도 기술과 힘을 겨뤄 승부를 내는 경쟁적인 운동이 좋습니다. 예를 들면, 스포츠 중에서는 테니스, 배드민턴, 탁구와 같이 1:1 또는 2:2로 승부를 내는 종목이 좋고, 운동으로는 격투기, 복싱처럼 기술도 연마하고 체력도 단련할 수 있는 종목이 좋습니다. 운동을 하면 행복호르몬인 세로토닌도 많이 분비되어 우울증에도 도움을 줍니다. 운동은 분명 학업 스트레스나 게임을 하고 싶은 스트레스를 이겨내는 힘이 될 겁니다.

운동은 시작하면 매일 꾸준히 하는 것이 좋습니다. 시간이나 금전적 여건이 안된다면 짧은 시간 동안 임팩트 있게 운동하는 타바타 운동을 추천합니다. 타바타 운동은 대략 6~8분 만에 에너지를 완전히 소모하는 방식으로 시간효율이 좋은 운동방법입니다. 꾸준히 하면 운동 효과도 강하고 성취감도 느낄 수 있습니다.

땀 흘리는 운동을 하면서 육체적 고통에 대한 내성을 기르면 용기와 자신감이 생깁니다. 대부분의 사람들이 운동을 하지 않는 이유는 육체적 고통 때문입니다. 운동을 하면 틈틈이 고통스러운 구간이 생깁니다. 힘을 내는 것이 육체적으로 고통스러워 그만두고 싶어도 한 번 더 힘을 내야 하는 것이 운동입니다. 이런 과정을 참아가며 운동을 하다 보면 고통에 대한 내성과 참는 것에 대한 뿌듯함을 알아가고, 육체적 능력이 발전함에 따라 자신감도 상승합니다.

게임중독에서 벗어날 수 있는 여러 가지 수단 중 딱 하나의 방법을 고르라면 '운동'을 선택할 것입니다. 게임중독으로 가정에 문제가 생길 정도로 심각한 상황이라면 학업을 어느 정도 포기할 각오는 있어야 합니다. 그리고 운동에 집중해 사회성과 자존감을 차츰 회복해가는 것이 좋습니다.

2. 독서

독서의 중요성은 대가들이 반복해서 강조하는 말씀입니다.

책이란 기록물이 없었다면 아마 현대문명은 존재하지 않았을 것입니다.

인류는 문자와 기록이라는 위대한 산물이 있는 것과 없는 것으로 구분하여 선사시대와 역사시대로 나뉩니다. 여기에 종이와 양피지 등의 기록 매체가 얼마나 널리 퍼졌는지에 따라 지식의 발전 속도가 달라집니다. 종이와 인쇄술이 만나면서 지식과 문명이 폭발적으로 발전하게 되었습니다.

좋은 책에는 한 대가가 평생을 바쳐 이룩한 지식의 정수가 들어있습니다.

인류의 역사를 바꾼 위인 중에는 독서가가 많습니다. 독서를 통해 지식을 단련한 후에 자신만의 통찰이 생기면서 새로운 창의성이 발생합니다. 미하이 칙센트미하이(Mihaly Csikszentmihalyi)의 『창의성의 즐거움』에는 노벨상 수상자들이나 대가들을 인터뷰하여 패턴을 정리하였습니다. 그들 대부분 평생에 걸쳐 책을 많이 읽고, 자신의 과제에 대해 즐거운 마음으로 집중을 많이 했다는 것을 알 수 있습니다.

삼국지를 보면 이런 이야기가 있습니다.

178년에 태어난 여몽(178년~220년)의 이야기입니다.

여몽은 손책(175년~200년)의 부하로 시작하여 뛰어난 무력으로 장수에 올랐습니다.

200년에 손책이 죽고, 동생인 손권(182년~252년)이 지위를 물려받은 이후에는 손권을 보좌하며 많은 전공을 세웁니다.

손권이 보기에 여몽은 총명한 데 비해 지식이 부족하여 여몽에게 책 읽기를 권합니다.

여몽은 어릴 때부터 가난해 책을 읽을 수 없었습니다. 그리고, 워낙 무공을 좋아하였고, 지휘관으로서 부하들을 훈련 시키고, 스스로 연습할 시간으로도 하루가 바빠 책 읽을 시간이 없다고 하였습니다.

이때 손권이 후한의 황제였던 광무제의 이야기를 들려줍니다.

후한의 광무제는 황제의 집무와 변방을 다스리는 일들로 바쁜 와중에도 '항상 손에서 책을 놓지 않았다(手不釋卷, 수불석권)', 여몽이 바쁘다 한들 황제보다 바쁘다고 할 수 있겠는가.

여몽은 크게 깨닫고, 이날부터 공부를 열심히 하였다고 합니다.

어느 날 오나라의 재상이었던 노숙(172년~217년)이 여몽과 대화를 하는데, 며칠 전보다 학식이 몰라보게 깊어진 것을 알고 어떻게 된 일인지 물었습니다. 이에 여몽이 웃으며 대답하길, '선비라면 사흘 만에 만났을 때, 눈을 비비고 다시 대할 정도로 달라져야 한다(刮目相對, 괄목상대)'고 하였습니다.

불우한 가정환경 속에서 고난을 딛고 성공한 대표적인 방송인 오프라 윈프리도 독서에서 자신의 길을 찾았습니다.

오프라 윈프리는 1954년 미시시피강 근처의 가난한 흑인 가정에서 태어났습니다. 당시 아버지는 군인이었고, 어머니는 18살로 부부 사이의 자녀가 아닌 사생아로 태어납니다. 다행히 6살까지는 외할머니 손에서 애정 어린 관심을 받으며 또래보다 훨씬 더 똑똑하게 자라납니다. 그러다 어머니의 가정부 일로 인해 외할머니와 멀리 떨어지게 되자, 오프라 윈프리의 불행이 시작됩니다. 가정부 생활로 바쁜 어머니로 인해 거의 방치되다시피 살게 되고, 9살이 넘어서는 친척들에게 성적 학대와 성폭행을 당하기까지 합니다. 10대에 이르러서는 반항아로 자라게 되고 급기야 임신까지 하게 됩니다. 어떻게 해볼 수 없었던 어머니는 임신한 오프라를 아버지에게 보내게 되었고, 아버지와 새엄마의 보살핌을 받게 됩니다. 임신 중에 관리를 제대로 하지 못했던 오프라는 출산을 하지만 아이는 2주 만에 세상을 떠나고 맙니다. 아직 어린 오프라 윈프리는 죄책감과 상실감, 정신적 고통에 자살을 결심하기도 하고, 우울증에 빠졌습니다. 아버지와 새엄마는 오프라에게 엄격한 생활을 요구했고, 일주일에 한 권 이상은 꼭 책을 읽도록 명령했습니다. 오프라는 책 속 주인공의 삶을 보면서 위로를 받았고, 그 힘든 시기를 독서와 신앙을 통해서 이겨냅니다. 그 이후 언어적 재능이 뛰어났던 오프라는 방송활동에 목표를 두고 열심히 공부해서 지금의 오프라 윈프리가 되었습니다.

오프라 윈프리는 독서에 대해 이렇게 얘기합니다.

> "책이 오늘의 나를 만들었습니다. 책을 읽으면서 주인공이 겪는 시련을 통해 위로를 받고, 다시 일어나는 용기를 얻었습니다. 책을 읽으면서 내게도 가능성이 있다는 것을 알았습니다. 책은 제게 자유에 이르는 길이었습니다. "

문화체육관광부가 조사한 자료에 따르면, 2015년 대한민국 성인의 1년 독서량은 평균 9.1권으로 나타났습니다. 2017년에 다시 조사했더니 1년 평균 8.3권으로 더 떨어졌습니다.

『그러니까 독서가 필요해』(김용준, 나라상상 출판)에 나온 세계 대학생의 1년 평균 독서량을 비교한 내용을 살펴보면 '미국 하버드 대학생: 98권, 영국 옥스퍼드 대학생: 103권, 한국 카이스트 대학생: 14권'으로 나타났습니다. 세계적인 대학생들과 비교해도 우리나라 평균 독서량에는 상당한 차이가 있습니다. 대체로 독서의 양과 사회적 성공은 비례하는 경우가 많습니다.

『독서 천재가 된 홍대리』(이지성, 정회일, 다산북스)를 보면 처음 2권 읽기로 가볍게 독서를 시작하여 다음 100일에 33권으로 독서목표를 넓히고, 1년에 100권 읽기로 독서를 습관화합니다. 마지막으로 1년 365권 읽기를 통해 독서량을 넓히는 것이 성공의 지름길로 이야기하고 있습니다. 저 역시 '1년 100권' 읽기에 도전하여 지난 3년간 '1년 100권' 미션을 성공하였고, 현재 4년째 도전을 진행하고 있습니다.

청소년 시기에 교과서 외에 다른 책을 읽는다는 것은 쉽지 않은 일입니다. 하지만 게임 하는 시간만 독서에 투자해도 불가능한 시간이 아닙니다. 게임과 관련해서 사용하는 시간이 1일 평균 1시간 반에서 2시간 가까이 되니 말입니다.

매일 책을 읽는 습관은 위대한 결과를 낳습니다.

하루 30분 이상 반드시 책을 읽습니다. 어떤 분야의 책이든 상관없습니다.

30분은 긴 시간이 아니지만 의지를 갖고 신경 써야 하는 시간입니다.

30분을 투자하기 위해 신경 쓰는 습관이 장기적인 독서습관이 됩니다.

양서의 다독을 목표로 하되, 현재 과제에 도움이 되고, 개인적으로 읽고 싶은 책이면 더 좋습니다. 만화책, 수필, 소설이어도 상관없습니다.

만화로 보는 그리스 로마 신화도 좋은 책입니다. 만화로 보는 과학책, 만화로 보는 세계사 모두 흥미롭고 재밌는 책입니다. 수불석권의 습관이 가장 먼저입니다. 책이란 것은 읽다 보면 꼬리에 꼬리를 물 듯 새로운 호기심이 끝없이 나옵니다. 그러면 책의 위대함에 점점 더 빠져듭니다. 어느 날 책을 놓을 수 없는 순간이 옵니다.

우리 모두 수불석권하면 괄목상대가 됩니다.

3. 목표과제

1. 감독 학습

대니얼 코일(Daniel Coyle)의 『탤런트 코드』를 보면 청킹(정보를 암기하기 쉽도록 묶음으로 정리하는 것)과 조직화 훈련으로 어려운 과제를 해내는 과정이 나옵니다. 청킹 범위는 마법의 숫자 7에서 ±2의 범위 내로 분할해서 훈련합니다. 각각의 청킹 단위가 숙달되면 연결하여 통합 조직화합니다. 많은 대가가 이 방법으로 고난도의 기술이 가능했다고 말합니다.

우리의 뇌 신경인 뉴런은 뛰어난 가소성을 가지고 있어 불과 몇 분 사이에 모양을 바꿉니다. 우리가 학습을 지속해야 하는 이유입니다.

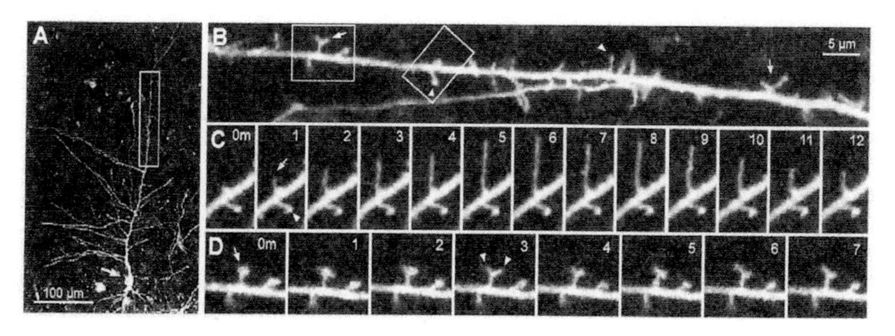

신경가소성, 새로운 신경돌기의 생성, 『그림으로 읽는 뇌과학의 모든 것』, 박문호

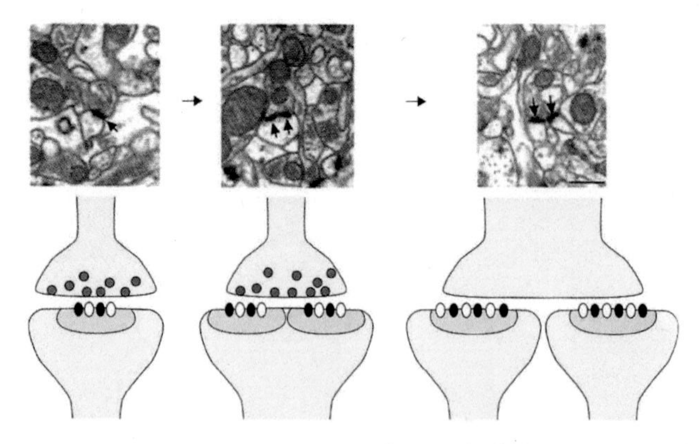

신경가소성, 신경돌기 분화과정, 『그림으로 읽는 뇌과학의 모든 것』, 박문호

C 신경돌기는 12분, D 신경돌기는 7분 만에 신경돌기가 변화하는 모습을 보여줍니다.

신경가소성은 최근에 밝혀진 사실입니다. 뇌 신경세포인 뉴런은 시시각각 변합니다. 이것은 우리의 머리에서 지금도 일어나는 물리적인 현상입니다.

대니얼 코일의 『탤런트 코드』에서도 전문가가 되기 위해서는 미엘린이 형성되어야 한다고 합니다. 미엘린은 일종의 절연체로 신경세포의 신경전달 오류율을 줄여줌으로써 정확도를 높여주는 역할을 합니다. 미엘린이 형성되기 위해서는 정교한 목표와 교정작업이 있어야 합니다. 미엘린은 반복과 훈련으로 한 겹씩 쌓여갑니다. 반복할수록 미엘린이 점점 두꺼워지면서 정확도가 올라가고 한 치의 오차도 없는 고도화된 기술이 비로소 탄생합니다.

목표를 돌파하는 과정은 열심히 하는 것보다 효율적인 점검으로 더 나은 방법을 끊임없이 찾는 감독학습 과정이 있어야 합니다.

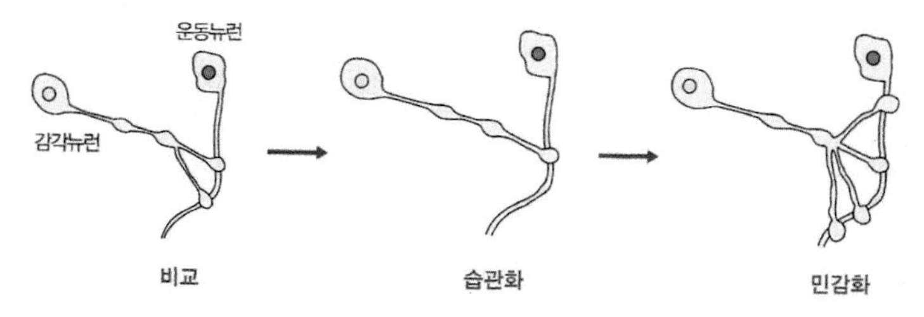

뉴런의 습관화와 민감화, 『그림으로 읽는 뇌과학의 모든 것』, 박문호

* 습관화와 민감화는 상위 기술을 습득하는 뇌 신경세포의 과정을 보여줍니다.

실수가 반복되는 부분은 면밀히 검토해서 더 민감화하고 더 정확한 기술을 연구해봅니다. 더 예민해진 감각으로 더 정교한 기술을 발견합니다. 정교해진 기술이 틀리지 않도록 반복하여 습관화합니다.

이런 습관화와 민감화의 반복을 통해 상위 기술을 습득해나갑니다.

2. 몰입 학습

목표가 달성될 때까지 세부 목표를 마음속으로 계속 생각합니다. 이것보다 중요한 과제는 없습니다. 해결될 때까지 품고 있으면 더 깊은 통찰이 생기고 몰입이 유지되며 빠른 학습이 가능합니다. 중요한 것은 목표를 항상 마음에 품고 있어야 합니다.

우리나라 대표 몰입 실천가이신 황농문 교수님의 『몰입』을 보면 항상 몰입과제를 품고 있는 모습을 강조하십니다. 현재 과제가 머리에 깊이 박혀 있고, 이것을 깊고 오래 품고 있으면 깊은 통찰이 생깁니다. 여기서 남들과 다른 경쟁력이 생깁니다.

현실에서는 다양한 관계와 여러 가지 일들이 있습니다. 그 과정에서도 과제에 대한 집중이 끊어지지 않게 계속 생각을 이어나갑니다.

반드시 해결하겠다는 화두를 안고 철저하게 자기암시를 걸면 집중도가 놀랄 정도로 상승합니다. 게임을 할 때 이기기 위해 연구하고, 분석하고, 노력하는 학습 과정이 있습니다. 이렇게 적극적인 자세를 내가 목표하는 과제에 적용하기 위해선 주도적인 마음가짐이 필요합니다. 이것은 스티븐 코비의 『성공하는 사람들의 7가지 습관』 중 제1 법칙이기도 합니다.

'제1법칙 : 주도적이 되라.'

몰입과제와 몰입의 주체는 오직 '나'입니다.

3. 메타인지 학습법 또는 하브루타

메타인지(Metacognition)의 메타는 상위의, ~너머를 뜻하는 말입니다. 인지는 말그대로 아는 것을 의미합니다. 메타인지란 '사고를 위한 사고'를 뜻하는 말입니다. 꽤나 포괄적인 의미입니다.

쉽게 풀어보면, 내가 무엇을 알고, 무엇을 모르는지를 정확히 아는 것을 의미하고, 나아가 모르는 것을 알기 위해서는 어떻게 해야겠다는 방법까지 사고하는 것을 의미합니다.

학습법에는 하브루타 학습법이나 강의식 학습법, 3번 옮겨적기 공부법 등 다양한 방법이 있습니다. 모두 공통적으로 메타인지를 통해 장기기억에 효율적으로 저장하는 방법입니다.

위키백과에서 하브루타는 이렇게 정의됩니다.

'하브루타는 전통적 학습방법이다. 문자적 의미는 우정, 동료 등을 뜻한다. 교사-학생 간의 관계와 달리, 하브루타 학습에서는 각자가 분석하고 자신의 생각을 조직화하여 상대방에게 설명하며 이야기를 듣고 질문하면서, 때로는 전혀 새로운 관점을 발견하기도 한다. 2000년대에 들어 전화 및 인터넷으로까지 확산되고 있다. 좁은 의미로는 동급생, 넓은 의미로는 가정, 선생님과 서로 대화함으로써 서로 자기주도학습능력 향상, 사고력, 창의력을 함양할 수 있다.'

하브루타 학습법은 과정이 즐겁도록 좋은 학습파트너를 만드는 것이 중요합니다.

세부학습목표가 완성된 것을 학습파트너에게 구체적으로 설명합니다.

설명하는 과정에서 어디가 부족하고, 어느 부분의 연결이 부자연스러운지 알 수 있습니다.

그 부분을 체크해서 보충합니다.

동료 파트너가 없다면, 혼자서라도 강의 교안을 만드는 식으로 셀프 PPT나 강의 교안을 만들어 봅니다.

가르치는 작업에는 무엇을 어떻게 얘기할지 머릿속에서 정리하는 작업이 선행됩니다. 이 작업이 중요한 이유는 내가 무엇을 기억하고 있고, 이 지식을 어떻게 설명할 수 있는지를 정리하는 과정에서 메타인지가 가능해집니다. 어느 부분 중 어떤 것을 어떻게 모르는지 알게 되면 그 부분을 재학습하는 과정에서 부족한 지식의 구멍을 메워갑니다. 이렇게 마무리된 지식은 쉽게 사라지지 않습니다. 신피질에 차곡차곡 저장되며 이 장기기억이 풍부해지면 자신만의 지식으로 재가공되어 목표가 이루어집니다.

4. 미래는 제작자의 시대

유명한 미래학자인 레이 커즈와일(Raymond Kurzweil)은 『마음의 탄생』이라는 책에서 '신피질은 최고의 발명품'이라는 말을 했습니다. 우리의 뇌는 생존과 번식을 목적으로 발달한 뇌간부터 감정과 기억을 만드는 변연계를 거쳐 장기기억과 비교분석, 상황을 판단하는 신피질로 진화를 이뤄냈습니다. 인간은 다른 동물들에 비해 육체적 능력은 상당히 약한 편이지만, 신피질이라는 신무기를 이용해 지구를 정복했습니다.

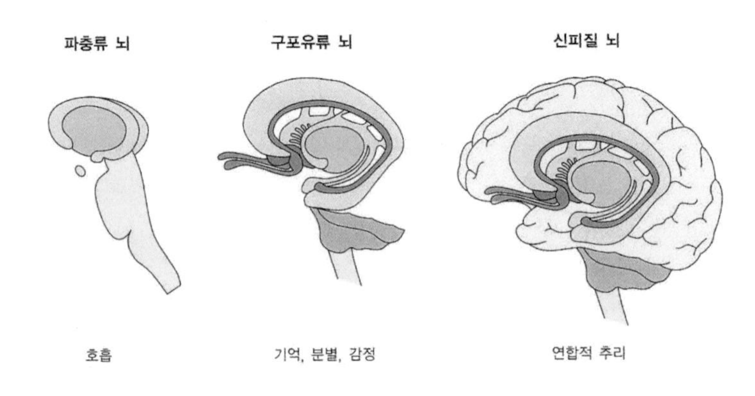

브레인의 진화, 출처 : 『그림으로 읽는 뇌과학의 모든 것』, 박문호

생명의 진화과정을 보면, 2억 년 전 파충류와 공룡이 지배하던 시대는 생존과 번식에 유리하도록 몸집 경쟁이 치열했습니다. 몸집을 키우는데 많은 에너지를 쓰다 보니 뇌의 발달수준은 형편없었습니다. 오히려 공룡을 피해 야행성으로 들어간 작은 쥐들이 후각 신경을 발달시키면서 뇌 발달이 가속화되었습니다. 그러던 중 약 6600만 년 전 유카탄 반도에 떨어진 거대한

운석으로 인해 지구 생명체는 대량멸종이 발생했고 새로운 포유류의 시대가 열리게 됐습니다. 작은 쥐에 불과했던 포유류는 공룡이 사라진 빈 공간을 급격히 채워가기 시작했습니다. 2억 년 동안 거대한 공룡들 틈바구니에 억눌려 살다가 거대운석의 도움으로 운 좋게 밖으로 나올 수 있게 되었고, 5000만 년 동안 부지런히 뇌를 발달시킨 포유류는 유인원을 탄생시켰고, 드디어 호모 사피엔스가 출현하게 됩니다.

박성현의 『상징의 탄생』을 보면, '모든 것은 두 발 걷기에서부터 시작되었다'는 시작 문구에서 많은 통찰을 느낄 수 있습니다. 직립원인, 두 발로 선 사람이라는 뜻을 가진 호모 에렉투스는 다들 아실 겁니다. 두 발 걷기는 아프리카의 뜨거운 햇빛을 적게 받게 하고, 땅에서 올라오는 지열에서 몸을 멀어지게 해 낮에 더 활발하게 활동할 수 있게 되었습니다. 또한 손을 자유롭게 사용하면서 도구를 만들 수 있었고, 손을 활용하는 뇌가 폭발적으로 진화합니다. 그 결과 신피질이 더욱 발달하고 호모 사피엔스는 생태계의 완벽한 승자가 되었습니다.

지금 인간이 지배하는 시기는 신피질 경쟁시대입니다. 뇌 전문가이자 '박문호의 자연과학세상' 대표이신 박문호 박사님은 '10초 안에 생각나지 않는 지식은 내 것이 아니다.'라고 하셨습니다. 창의성은 내 머릿속에 있는 정보가 융합되어 나타나는 현상입니다.

인터넷에는 많은 정보가 있지만, 그것이 내 기억에 없으면 아무것도 아닙니다. 나의 신피질에 모아두어야 내 것입니다.

만약 게임을 할수록 신피질에 쌓이는 것이 많고 단련되어 간다면, 적극적으로 게임을 권했을 겁니다. 그러나, 게임을 하면 다양한 감정을 느끼지만 휘발성의 감정이고, 신피질에는 쌓이는 것은 거의 없습니다. 이 시간이 길어진다면, 귀중한 자기계발시간은 사라지고 맙니다.

앞으로 펼쳐질 4차산업혁명 시대는 콘텐츠의 시대입니다.

콘텐츠란 무엇일까요? 콘텐츠는 감정을 만들어내는 창작물입니다. 단지 콘텐츠를 즐기고 소비하는 데 그치는 것이 아니라, 새로운 콘텐츠를 창조하는 것이 중요합니다. 어떻게 재미를 만들어내는지 그 방법을 아는 크리에이터가 되어야 합니다. 재미라는 것을 뜯어보면 관객에게 어떤 감정을 주느냐를 의미합니다. 소설을 구성하는 3요소가 인물, 사건, 배경인 것처럼 재미는 인물 대상, 상황, 예측, 결과가 어우러져 스토리가 만들어지며, 감정이 발생합니다. 이것은 제작자가 의도적으로 조합을 엮어내면서 우리의 감정을 만들어낸 것입니다.

소비자 (다수)	제작자 (소수)
영화광	영화 감독
만화 애독자	만화가
예능 시청자	예능 프로듀서
독서가	작가
게이머	게임 제작자
감정을 느낀다.	감정 코드를 만든다.

〈미래는 콘텐츠의 시대, 감정코드를 만들라〉

『사피엔스』의 저자인 유발 하라리는 인류 문명의 원동력을 감정으로 보았습니다. 그만큼 감정은 모두에게 중요합니다. 누군가에게 감정과 감동을 느끼게 해주는 것은 대단한 능력이 됩니다. 우리가 동경하는 무한도전의 김

태호 PD나 1박 2일의 나영석 PD의 능력이 바로 이것입니다. 제임스 카메론이나 스티븐 스필버그의 작품에 열광하는 것도 우리에게 소중한 감정을 선물해주기 때문입니다. 우리가 게임에 몰입해서 즐거워하는 것도 게임 속에서 다양한 감정을 느끼기 때문입니다.

최근에는 인터넷방송 BJ나 유튜브 크리에이터라는 새로운 직업이 탄생하고 있습니다. 이들은 스스로 좋아하고 잘하는 장르 속에서 새로운 콘텐츠를 만들어내는 신직업인입니다. 무엇보다 시청자가 좋아하는 콘텐츠를 만들어내는 제작자입니다.

게임을 하기보다는 게임 제작을 공부하길 바라며, 예능을 보기보다는 예능에서 감정이 발생하는 매커니즘을 익히길 바라며, 영화만 보기보다는 시나리오와 연출방법도 공부하기를 바랍니다.

독서 하는 이유와 학습하는 이유도 더 완성도 높은 제작능력을 만들어내기 위함입니다. 현재는 이런 전문화된 경쟁이 미래의 능력이고 그로 인해 신분마저 결정됩니다. 그래서 학습은 절대 포기하면 안되는 주요 실천사항입니다.

운동 역시 그 자체로도 행복감과 만족감을 주는 세로토닌 분비를 촉진하며, 몰입과정을 길게 유지시켜 줍니다.

이렇듯 목표과제와 운동, 독서의 실천은 여러분이 비상하는 날개가 될 것입니다.

5. 실천 체크리스트

과제를 꾸준히 실천하는 방법으로 게임에서 주로 쓰고 있는 출석보상시스템을 활용합니다. 게임의 업적 시스템은 매일 출석 보상과 주간미션 보상, 월간 보상을 줍니다. 이렇게 월간 체크리스트를 만들고 기록합니다.

2018년 * 월 체크리스트

날짜	만다라트과제	운동	독서	감사/칭찬		
1	O	O	X	O		
2	O	O	O	X		
3	O	O	O	O		
4						
5						
6						
7						
8						
9						

〈월간 체크리스트〉

한 달 과정으로 체크리스트의 기록 상태를 봅니다.

체크리스트의 결과로 자신에게 주간 보상과 월간 보상을 줍니다.

주간 보상은 일주일 치의 보상이므로, 가벼운 상품을 받습니다.

월간 보상은 한 달에 한 번이므로 평소에 눈여겨본 상품을 받습니다.

6개월 보상은 꽤 큰 것으로 미리 선언해 준비하고, 1년 보상은 상당히 큰 선물로 책정해서 미리 적금을 들고 준비하는 것이 좋습니다.

이 보상을 현금 형태나 상품 형태로 준비하는 과정에서도 기분이 좋아집니다.

체크리스트 리워드에 조언을 드리자면, 자기만의 재미있는 규칙을 만듭니다. 예를 들어, '하루라도 전부 X가 있는 날이 있으면 주간, 월간 보상은 못 받는다. X가 하루에 4개 있는 날이 있으면 주간 보상을 못 받는다. X가 월간 10개 미만이면 월간 보상의 1.5배 지급한다.'

규칙은 스스로 결정하기 나름입니다. 재밌다고 여겨지는 규칙을 만들어 보는 과정도 즐겁습니다. 체크리스트와 보상은 습관화를 위한 강력한 도구입니다.

게임에서도 항상 쓰고 있는 도구이고, 많은 실천서의 메시지도 '습관이 힘'이라고 말합니다. 이 체크리스트는 습관을 만들기 위한 좋은 도구이며, 충분히 습관이 되었다면 굳이 체크할 필요가 없을 정도로 생활화 됩니다.

이런 자신의 실천 결과가 만족스러운지, 불만족스러운지 체크 해봅니다.

자신을 돌아보는 시간에 부끄러움이 없다면 자존감은 점점 상승하게 됩니다. 체력과 지력이 조금씩 올라가는 느낌이 들 겁니다. 그대로 계속 유지해가면 됩니다.

반대로 부끄럽다면 열등감과 수치심이 자극되는 겁니다. 시간이 낭비된 만큼 사회 경쟁력이 떨어지고, 사회적인 지위가 낮아지는 느낌이 듭니다. 이 불쾌한 느낌이 굉장히 크기 때문에 아예 포기하고 게임이나 다른 재미로 도망가고 싶을 겁니다. 그럴 때는 자신의 연간계획표와 목표를 다시 한번 차분히 점검해보고 전략적으로 시간 관리를 하는 것도 때론 좋은 방법입니다.

게임중독을 벗어나는 가장 중요한 것은 스스로 깨닫는 것입니다. 스스로 각성, 자각하지 않으면 변화할 수 없습니다. 잠시라도 게임과 완전히 떨어진 한적한 여행으로 게임에 익숙해진 뇌를 쉬게 하고, 자신에 대해 깊이 생각해 나의 미래를 설계하면서 목표를 만들어봅니다. 그리고 목표를 향해 달려가다 보면 목표 없이 방황하던 과거와는 달라진 자신을 발견할 것입니다.

노력은 머리 아프고, 이마가 뜨거울 정도로 고통스러운 과정입니다. 그럴 때 '한 번밖에 없는 삶, 현재를 즐겨야지. 게임 한 판은 괜찮을 거야. 유튜브 한 개만 보자.' 한 판 하면 또 하고 싶어집니다. 유튜브 하나 보면 옆에 더 재밌어 보이는 영상이 또 있습니다. 그렇게 계속 보는 것이 재미는 있습니다. 하루 종일 PC방에서 게임 하고 나서 집에 돌아가는 마음이 마냥 행복하진 않습니다. '아, 이러면 안되는데.' 하는 불안감을 느낍니다.

마음속 불안한 목소리는 공부를 하라고 하고, 현재를 즐기라는 마음은 지금의 재밌는 것을 하라고 합니다. 이 목소리의 정체는 우리의 뇌와도 관계있습니다. 불안한 목소리는 현재와 미래를 비교, 분석하고 자신의 경쟁력을 따져보는 분석의 뇌인 신피질, 그중에서도 전두엽의 목소리입니다. 한편 현재를 즐기라는 마음은 장난꾸러기 강아지나 원숭이와 같은 변연계의 목소리입니다. 원숭이는 재밌는 것과 장난치기를 좋아하지만, 복잡하고 어려운 것이 나오면 머리 아프다며 도망가버립니다. 우리는 항상 이 두 가지 목소리를 들으며 살고 있습니다.

하루 종일 놀고 나서 마음 한 켠이 불안한 것은 왜 그럴까요? 마음속에서 본능적으로 자신의 경쟁력이 떨어진다는 것을 감지하는 겁니다. 경쟁력이 떨어지게 되면 생존에 점점 불리해지기 때문입니다. 나만의 특별한 경쟁력이 없다면 인간 사회에서 경쟁력이 떨어질 텐데, 경쟁력이 없다면 잘 살기가 쉽지 않을 텐데, 하는 생존 불안으로 연결되는 자연스러운 감정입니다. 이 경쟁력을 기반으로 우월감에서 열등감이 결정됩니다. 모두 생존을 기반으로 형성되는 마음입니다.

최현석 박사님이 쓰신 『인간의 모든 감정』을 보면 두려워하거나 무서워하는 반응이 생존에 도움이 된다는 것을 확인할 수 있습니다.

'거피(guppy)는 송사릿과에 속하는 열대어로 아름다운 색깔을 가지고 있습니다. 이 거피들을 천적인 농어와 함께 수족관에 넣고 60시간 동안 관찰했습니다. 농어를 필사적으로 피해 다닌 거피들은 40%가 끝까지 살아남은 반면에 호기심을 보이며 가끔 농어에게 다가간 거피들은 15%만 살아남았고, 겁도 없이 자기를 잡아먹을 농어 가까이에 있었던 거피들의 **생존율은 0%**였습니다.'

우리는 불확실한 미래를 두려워하고, 더 안전해지기 위해 자기계발을 멈추지 않습니다. 모두가 그렇습니다. 이 불안하고 싫은 느낌을 피하기 위해 누구는 게임을 하고, 누구는 자기계발을 합니다. 나중에 이 차이가 크게 벌어지는 것은 너무나 당연하고 명확합니다.

공부의 신, 공신닷컴의 강성태 대표도 '[동기부여] 과연 직업에 귀천이 없는가? 공부해야 하는 이유 - 강성태 일침 공신닷컴'라는 제목의 유튜브 영상을 통해 이렇게 말했습니다.

"직업에 귀천은 없지만, 차별은 있습니다. 공부라는 것은 자기 자신을 지킬 수 있는 가장 강력한 수단이자 무기입니다."

우리는 경쟁력을 갖추지 못하고 내 미래의 안전이 확보되지 않으면, 지금 힘들어 그만두더라도 언젠가 누가, 의도하든 의도하지 않든, 내 열등감을 건드릴 겁니다. 그때 나에게 만족할만한 생존전략이 없다면 나는 또 열등감에 상처받을 겁니다. 상처받은 마음을 달래기 위해 힐링하는 자기계발서를 열심히 읽으면서 '나는 괜찮아'를 외치며 조금씩 회복합니다. 그리고, 다시 생존전략을 획득하기 위해 실천적 자기계발서를 선택하게 됩니다.

이 책을 읽고 있는 여러분은 이미 독서라는 위대한 도구를 이용하고 있습니다. 오타니 쇼헤이나 오프라 윈프리처럼 자신의 멋진 목표와 구체적인 스케줄을 실천해가면서 자신만의 인생게임을 즐겨보시기 바랍니다.

마지막으로 이 책을 끝맺기 앞서 존경하는 장 회장님과 언제나 아름다우신 임여사님께 감사드립니다.

병원에 계신 장모님과 돌보시는 장인어른께 끝까지 힘내시라는 응원의 말씀드립니다.

사랑하는 한이와 준하, 묵묵히 헌신하며 가족을 지키는 꽃 같은 아내 은희에게 고마움을 전합니다.

감사합니다.

참고문헌

01 『1.4킬로그램의 우주, 뇌』, 정재승 외 2인, 사이언스 북스, 2014

02 『2016 게임 과몰입 종합 실태조사』, 한국교육개발원, 한국콘텐츠진흥원, 2017

03 『2016 게임이용자 실태조사 보고서』, 한국갤럽조사연구소, 한국콘텐츠진흥원, 2016

04 『2017 대한민국 게임백서』, 한국콘텐츠진흥원, 한국콘텐츠진흥원, 2017

05 『2017 게임이용자 실태조사 보고서』, 한국갤럽조사연구소, 한국콘텐츠진흥원, 2017

06 『2018 콘텐츠산업 전망』, 박호상 외 11인, 한국콘텐츠진흥원, 2017

07 『4차산업혁명과 콘텐츠산업 경쟁력 제고 전략』, 한국콘텐츠진흥원, 한국콘텐츠진흥원, 2017

08 『Gamification & 소셜게임존』, 존 라디프, 에이콘출판, 2011

09 『게슈탈트 심리치료』, 김정규, 학지사, 2015

10 『게임QA』, 정원철 외 3인, 한빛미디어, 2011

11 『그러니까 독서가 필요해』, 김용준, 노란상상, 2014

12 『나는 공짜로 공부한다』, 살림칸, RHK코리아, 2013

13 『내 감정 사용법』, 프랑수아 를로르,크리스토프 앙드레, 위즈덤하우스, 2008

14 『너 이런 심리법칙 알아?』, 이동귀, 21세기북스, 2016

15 『뇌과학, 경계를 넘다』, 장대익, 홍성욱, 신경인문학 연구회, 바다출판사, 2012

16 『그림으로 읽는 뇌과학의 모든 것』, 박문호, 휴머니스트, 2013

17 『독서 천재가 된 홍대리』, 이지성, 정회일, 다산북스, 2011

18 『마음의 탄생』, 레이 커즈와일, 크레센도, 2016

19 『머니 앤드 브레인』, 제이슨 츠바이크, 까치글방, 2007

20 『몰입 Think hard!』, 황농문, 알에이치코리아, 2007

21 『붉은 여왕』, 매트 리들리, 김영사, 2006

22 『빅 히스토리』, 데이비드 크리스천, 밥 베인, 해나무, 2013

23 『사피엔스』, 유발 하라리, 김영사, 2015

24 『상징의 탄생』, 박성현, 심볼리쿠스, 2017

25 『생각의 탄생』, 미셸, 로버트 루트번스타인, 에코의서재, 2007

26 『성공하는 사람들의 7가지 습관』, 스티븐 코비, 김영사, 1994

27 『세로토닌하라』, 이시형, 중앙북스, 2010

28 『쉬나의 선택실험실』, 쉬나 아이엔가, 21세기북스, 2010

29 『스트레스는 어떻게 삶을 이롭게 하는가』, 우르스 빌만, 심심, 2017

30 『스피노자의 뇌』, 안토니오 다마지오, 사이언스 북스, 2007

31 『심리학 콘서트 #스페셜3, 아들러의 심리학 해설』, 알프레드 아들러, 스타북스, 2014

32 『아웃라이어 (1만시간의법칙)』, 말콤 글래드웰, 김영사, 2009

33 『열한 계단』, 채사장, 웨일북, 2016

34 『오바마 이야기』, 헤더 레어 와그너, 명진출판, 2008

35 『오프라 윈프리 이야기』, 주디 L. 해즈데이, 명진출판, 2010

36 『울트라 소셜』, 장대익, 휴머니스트, 2017

37 『이웃집 살인마』, 데이비드 버스, 사이언스북스, 2006

38 『인간의 모든 감정』, 최현석, 서해문집, 2011

39 『진화심리학』, 데이비드 버스, 웅진지식하우스, 2012

40 『처음 읽는 진화심리학』, 앨런 S. 밀러, 가나자와 사토시, 웅진지식하우스, 2008

41 『프라이드』, 제시카 트레이시, 알에이치코리아, 2017